CASOS PRÁCTICOS
DE PROCEDIMIENTO ADMINISTRATIVO
Y PROCESO CONTENCIOSO-ADMINISTRATIVO

RAMON GALINDO CALDÉS
JOSÉ LUIS GARCÍA DE CAL
LUIS GOLLONET TERUEL
(*Coordinadores*)

CASOS PRÁCTICOS DE PROCEDIMIENTO ADMINISTRATIVO Y PROCESO CONTENCIOSO-ADMINISTRATIVO

Prólogo de LUIS MARÍA DÍEZ-PICAZO

AUTORES

ROSA MARIA DÍAZ PETIT
RAMON GALINDO CALDÉS
JOSÉ LUIS GARCÍA DE CAL
JOSÉ ANTONIO GIL GALINDO
LUIS GOLLONET TERUEL
ELISENDA RUIZ IGLESIAS
CARLES SAN JOSÉ AMAT
PABLO SARDINA CÁMARA

tecnos

Diseño de cubierta:
Carlos Lasarte González

Juan Ignacio Luca de Tena, 15 - 28027 Madrid

PAPEL DE FIBRA CERTIFICADO

ISBN: 978-84-309-8162-5
Depósito Legal: M-4.489-2021

Printed in Spain

ÍNDICE

PRÓLOGO

Luis María Díez-Picazo

La actual literatura jurídica española tiene una acusada orientación doctrinal, en el sentido de que suele concentrarse en la interpretación de regulaciones e instituciones. Sus géneros característicos son el artículo de revista y el comentario de jurisprudencia, cuando no la monografía. A ello se añaden los cursos y manuales, destinados a la enseñanza universitaria de las distintas disciplinas jurídicas, que a menudo sirven también como obras de referencia para los prácticos del derecho.

Digo todo esto para poner de relieve que, entre quienes escriben de derecho en España, no abundan otros enfoques. Los hay, pero son minoritarios y relativamente escasos. Así, a diferencia de lo que ocurre en otros países, no es fácil hallar buenos estudios empíricos sobre problemas jurídicos, por no mencionar que la sociología del derecho no ocupa el lugar que merece nuestro panorama intelectual. Y tampoco hay muchos cultivadores del derecho comparado propiamente dicho, más allá de las referencias de rigor a ciertas experiencias extranjeras en los escritos de corte doctrinal. Una suerte algo mejor ha corrido el análisis económico del derecho (*law & economics*), especialmente en algunos sectores del derecho privado. Todo ello muestra que nuestra cultura jurídica tiende a la introspección, sin prestar suficiente atención al mundo exterior ni a las relaciones entre derecho y sociedad. Es más: la divulgación jurídica, tan necesaria para la educación de la ciudadanía en una sociedad democrática, resulta pobre en comparación con la divulgación económica o, incluso, la científica.

En este contexto de deseable diversificación de la literatura jurídica española, es noticia —buena noticia— la aparición de un libro como *Casos prácticos de procedimiento administrativo y proceso contencioso-administrativo*: el estudio de casos conduce al jurista a abrirse a la realidad social y a valorar la experiencia y, en ese sentido, supone ya un contrapeso a la arriba mencionada actitud introspectiva. Este libro ha sido elaborado por un conjunto de profesionales (magistrados, abogados, funcionarios públicos) con amplia experiencia en el ámbito del derecho administrativo. No sé hasta qué punto sería viable en nuestro país organizar la enseñanza del derecho únicamente mediante el estudio de casos, tal como vienen haciendo los norteamericanos desde finales del siglo XIX. Dicho de otro modo, dudo que el peso de la tradición romano-germánica o de *civil law* permitiera prescindir de una formación jurídica inicial basada en la presentación sistemática de las «instituciones» de cada sector del ordenamiento. Pero ello no significa que esa iniciación de tipo institucional y, por tanto, esencialmente doctrinal no deba ir acompañada y complementada por un estudio serio de casos; algo que desafortunadamente no ha sido frecuente entre nosotros.

Mientras que la formación institucional permite tener una visión de conjunto del sector del ordenamiento de que se trate (civil, mercantil, penal, administrativo, etc.), el método del caso hace otras aportaciones, igualmente importantes, a la formación del jurista: obliga a ponderar la relevancia de cada norma, exige poner en conexión unos temas con otros, entrena en el análisis y la argumentación. Sobre todo, la frecuentación de casos enseña que el derecho es fundamentalmente una técnica o un arte, mucho más que una ciencia. Este dato, que es más difícil de captar en una perspectiva doctrinal, ayuda a comprender que el derecho carece de sentido si no soluciona problemas reales y, por tanto, que la clave de todo profesional del derecho debe ser —junto con el establecimiento de los hechos relevantes— preguntarse por las consecuencias jurídicas de cada posible opción.

Estos *Casos prácticos de procedimiento administrativo y proceso contencioso-administrativo* abarcan las principales cuestiones que se suscitan en la aplicación del derecho administrativo, tanto en vía administrativa como en vía jurisdiccional. Y al hilo de esas cuestiones procedimentales se hace hincapié también en temas sustantivos. Por ejemplo, el denso mundo de las sanciones administrativas. Los casos aquí recogidos son verosímiles y, por ello mismo, útiles; y son, además, lo suficientemente complejos como para obligar a un estudio reflexivo. En este orden de ideas, es un acierto de los autores no haberse limitado a elaborar un test de preguntas para cada caso, sino haber introducido también ciertas «actividades» como invitación al alumno a entrenarse en el razonamiento jurídico y en la redacción de textos profesionales.

Creo así que el objetivo primario de este libro, consistente en ser instrumento para la preparación del examen de acceso a la abogacía, puede considerarse alcanzado. Y seguramente podría ser útil también para los estudiantes del grado en derecho. Debo felicitar por esta feliz iniciativa a la Universitat Oberta de Catalunya y, desde luego, a los autores de la obra, cuya utilización recomiendo sin reservas.

RELACIÓN DE AUTORES

RAMON GALINDO CALDÉS. Profesor lector de Derecho Administrativo de la Universitat Oberta de Catalunya y profesor asociado de Derecho Administrativo de la Universitat de Barcelona. Doctor en Derecho por la Universitat de Barcelona, Máster en Gestión Pública (UPF-UAB-ESADE) y Licenciado en Ciencias Políticas y Sociología por la Universidad del País Vasco.

JOSÉ LUIS GARCÍA DE CAL. Abogado en ejercicio, profesor asociado de Derecho Administrativo en la Universitat Pompeu Fabra y Profesor Colaborador en la Universitat Oberta de Catalunya. Doctor en Derecho por la Universidad de Valladolid, así como Máster Universitario en Dirección Pública, Políticas Públicas y Tributación y en Unión Europea, en ambos casos por la UNED. Licenciado en Derecho y en Administración y Dirección de Empresas por la Universidad de Valladolid.

LUIS GOLLONET TERUEL. Magistrado especialista de la Sala de lo Contencioso-administrativo del Tribunal Superior de Justicia de Andalucía. Profesor Colaborador en la Universitat Oberta de Catalunya. Licenciado en Derecho y Ciencias Políticas por la Universidad de Granada.

ROSA MARIA DÍAZ PETIT. Abogada de la Generalitat de Catalunya. Presta servicios en el Gabinete Jurídico de la Generalitat desde 1990, donde ha llevado a cabo funciones de representación y defensa ante la jurisdicción contencioso-administrativa, el Tribunal Constitucional y actualmente ejerce la función asesora. Profesora Colaboradora en la Universitat Oberta de Catalunya. Licenciada en Derecho por la Universidad de Barcelona.

JOSÉ ANTONIO GIL GALINDO. Abogado en ejercicio, asesora a empresas, particulares y Administraciones Públicas e interviene en procedimientos judiciales y arbitrales. Profesor Colaborador en la Universitat Oberta de Catalunya. Licenciado en Derecho por la Universidad Autónoma de Barcelona, Posgrado en práctica jurídica por el Colegio de Abogados de Barcelona.

ELISENDA RUIZ IGLESIAS. Funcionaria del Cuerpo Superior de la Administración de la Generalitat de Catalunya. Licenciada en Derecho y Ciencias Políticas y de la Administración. Postgrados en Administración Pública, en Derecho Local, y en Derecho Inmobiliario y Urbanístico. Profesora Colaboradora en la Universitat Oberta de Catalunya y en el Instituto de Seguridad Pública de Catalunya.

CARLES SAN JOSÉ AMAT. Abogado de la Generalitat de Catalunya, en excedencia. Consultor del Sector Público y Profesor Colaborador en la Universitat Oberta de Catalunya, Universidad Autónoma de Barcelona y Universidad Pompeu Fabra. Licenciado en Derecho por la Universidad de Barcelona.

PABLO SARDINA CÁMARA. Funcionario de la Administración General del Estado, donde actualmente está habilitado como Letrado en la Abogacía del Estado. Ha ejercido como Abogado en el departamento de Derecho Público y Regulatorio de una *Big Four*. Profesor Colaborador en la Universitat Oberta de Catalunya. Máster en Derecho Público —itinerario derecho administrativo— por la Universidad Complutense de Madrid.

1. INTRODUCCIÓN

El presente libro pretende ser un instrumento docente para apoyar el aprendizaje de los fundamentos del procedimiento administrativo y el proceso contencioso-administrativo desde una perspectiva práctica. Tiene vocación de complementar los materiales que profesores y estudiantes de las asignaturas que, en los Másteres de Abogacía, se ocupan de las normas procedimentales y procesales propias del Derecho Administrativo, así como la preparación de la parte especial del examen de acceso a la abogacía, sin perjuicio de que también pueda resultar de utilidad para reforzar el estudio práctico del procedimiento administrativo y de la práctica forense administrativa en otras asignaturas de titulaciones universitarias de grado, postgrado o máster.

A lo largo de los 18 casos prácticos propuestos se abordan cuestiones generales del procedimiento administrativo y contencioso-administrativo desde una perspectiva práctica. Se trata de un material orientado a afianzar los conocimientos teóricos propios de la materia a través de las actividades propuestas, pero también para el desarrollo de otras competencias de naturaleza práctica, tales como la redacción de comunicaciones profesionales, o la preparación de notas o informes de contenido jurídico, la resolución de consultas o la elaboración de escritos procesales.

Con la finalidad de posibilitar el uso del libro como material de estudio autónomo, cada uno de los casos se acompaña de las respectivas respuestas orientativas. Se trata de respuestas que aun siendo completas no pretenden ahondar en los temas desde una perspectiva teórica, sino facilitar al estudiante una guía sobre cómo aplicar en la práctica los conocimientos adquiridos durante sus estudios.

Se ofrece también en cada uno de los casos bibliografía complementaria para que los interesados puedan profundizar en alguno de los aspectos concretos tratados.

De cara a la preparación del examen de acceso a la Abogacía se incluye también una batería de un total de 100 preguntas test, de las que 75 tratan sobre procedimiento administrativo y proceso contencioso-administrativo, y otras 25 se refieren a las materias comunes del examen de acceso a la Abogacía.

Este trabajo es el resultado de la colaboración entre un grupo de profesores vinculados a los Estudios de Derecho y Ciencia Política de la Universitat Oberta de Catalunya y que conforman el cuadro de profesores de la asignatura Procesos contencioso-administrativo y laboral del Máster Universitario de Abogacía de la

Universitat Oberta de Catalunya (UOC). Se trata de un equipo de juristas que aúna la experiencia en el ejercicio de diferentes profesiones jurídicas con la actividad docente.

El contenido de este libro recoge por tanto dicha experiencia para ofrecer materiales a los estudiantes no solo para la preparación del examen de acceso a la abogacía, sino también para el estudio del procedimiento administrativo y del proceso contencioso-administrativo en asignaturas de grado o postgrado en titulaciones del ámbito jurídico.

2. CASOS PRÁCTICOS

PROCEDIMIENTO ADMINISTRATIVO

1	**Responsabilidad patrimonial de la Administración Pública.** Requisitos de la responsabilidad patrimonial, procedimiento y plazos. Peculiaridades de las reclamaciones ante la Administración sanitaria: doctrina de la «pérdida de oportunidad» y «consentimiento informado». Cálculo de indemnización.
2	**Interesados en el procedimiento.** Requisitos de las notificaciones administrativas. Posibilidad de recurrir actos administrativos de trámite. Circunstancias necesarias para tener la condición de interesado en el procedimiento. Principio de responsabilidad individual en el procedimiento sancionador.
3	**Medio ambiente. Contaminación acústica y responsabilidad patrimonial.** Procedimiento y recursos administrativos.
4	**Derechos de los interesados en el procedimiento administrativo.** La lengua en la tramitación de los procedimientos. Derecho de acceso al expediente en curso por parte de la persona interesada. Derecho a la subsanación y mejora de las solicitudes (principio de antiformalismo). Plazo máximo de tramitación del procedimiento administrativo. Silencio administrativo.
5	**Autorizaciones, licencias, declaración responsable y comunicación previa.** Potestad de intervención de la Administración para el control de las actividades privadas. Simplificación administrativa.
6	**Órganos colegiados.** Funcionamiento de los órganos colegiados de las administraciones públicas: los tribunales de selección. Abstención y recusación. La revisión de los actos administrativos. La revisión de oficio de los actos nulos.
7	**Procedimiento administrativo sancionador.** Información y actuaciones previas al procedimiento sancionador. Deber de colaboración con los servicios de inspección de las Administraciones Públicas. Principios del procedimiento administrativo sancionador. Legitimación para la impugnación de resoluciones dictadas en procedimientos de naturaleza sancionadora.
8	**El procedimiento administrativo sancionador: especialidades procedimentales.** El procedimiento disciplinario de los funcionarios públicos. Colectivos específicos. Legislación específica. La revisión de los actos administrativos. Los recursos administrativos ordinarios: el recurso de reposición. Actos impugnables. Iniciación del procedimiento contencioso administrativo. Los requisitos de representación y defensa. La tramitación del procedimiento.

9	**Procedimiento administrativo sancionador.** Principios, especialidades procedimentales, ejecutividad.
10	**Recursos administrativos ordinarios.** Recurso de alzada. Plazo de interposición del recurso administrativo. Invalidez del acto administrativo. Suspensión de la ejecución de la sanción administrativa. La demora en la resolución del recurso de alzada y su incidencia en la prescripción de la sanción.

PROCESO CONTENCIOSO-ADMINISTRATIVO

11	**Iniciación del procedimiento.** Cuestión de falta de jurisdicción. Competencia objetiva y territorial. Actuación del Ministerio Fiscal.
12	**Impugnabilidad de actuaciones administrativas.** Control de la legalidad de actuaciones de órganos distintos de la Administración sujetos a Derecho Administrativo. Acceso a la jurisdicción de cuestión que ha sido objeto de recurso de alzada. Solicitud de práctica de prueba y proposición de medios probatorios. Nulidad de actuaciones administrativas.
13	**Ejecución de Sentencia.** Competencia para conocer de la ejecución. Modalidades de ejecución dineraria y no dineraria. Legitimación en el incidente de ejecución. Extensión de efectos de la sentencia. **Actos administrativos.** Efectos. Irretroactividad de actos no favorables.
14	**Sentencia.** Contenido de la Sentencia. Pronunciamientos y congruencia. **Recurso de apelación.** Resoluciones recurribles. Legitimación para recurrir. **Ejecución de Sentencia.** Imposibilidad legal o material. Nulidad de los actos dictados con la finalidad de eludir el cumplimiento de la Sentencia.
15	**Procedimiento para la protección de los derechos fundamentales.** Derecho de reunión y manifestación. Procedimiento, partes legitimadas, plazos, y recursos.
16	**Recurso de apelación.** Impugnabilidad de sentencias dictadas por Juzgados —Centrales— de lo Contencioso-Administrativo. Competencia para conocer el recurso de apelación. Efectos de la admisión del recurso de apelación.
17	**Incidentes procesales durante la tramitación del procedimiento.** Suspensión por posible prejudicialidad penal. Ampliación del objeto de la demanda por resolución extemporánea. Inadmisión de pruebas. Recurso de queja. Efectos de una eventual nulidad de actuaciones.
18	**Recurso de casación.** Impugnabilidad de sentencias dictadas por Tribunales Superiores de Justicia en primera o única instancia. Competencia para conocer del recurso de casación. Trámite de admisión del recurso de casación. Objeto del recurso de casación.

INSTRUCCIONES Y RECOMENDACIONES

— A cada uno de los casos se acompañan materiales recomendados para la resolución del supuesto práctico, como normativa, jurisprudencia o dictámenes sobre la materia a analizar; también se incluyen referencias bibliográficas para profundizar en el tema propuesto.

— Con carácter general, para la resolución de los casos es necesario tener en cuenta la Ley 39/2015, de 1 de octubre, del Procedimiento Administrativo Común de las Administraciones Públicas (LPAC), la Ley 40/2015, de 1 de octubre, de Régimen Jurídico del Sector Público (LRJSP) y, en relación con los casos sobre proceso contencioso-administrativo, la Ley 29/1998, de 13 de julio, reguladora de la Jurisdicción Contencioso-administrativa (LJCA). En caso de ser necesaria normativa adicional se indica en el apartado «materiales» de cada uno de los casos prácticos.

— Para la consulta de jurisprudencia es necesaria la utilización de bases de datos jurídicas. Se recomienda también su consulta a través del buscador de jurisprudencia del Tribunal Constitucional (www.tribunalconstitucional.es) o el buscador CENDOJ del Consejo General del Poder Judicial (http://www.poderjudicial.es).

— Aunque carece de valor oficial, es importante consultar siempre la norma consolidada, disponible en cualquier base de datos legislativa, a fin de tener en cuenta las posibles modificaciones de que haya sido objeto y las diferentes versiones de la misma vigentes en cada momento. El sitio web del *Boletín Oficial del Estado* (*BOE*) ofrece de forma gratuita una versión consolidada de la legislación (www.boe.es).

— Se recomienda resolver las actividades propuestas en los supuestos prácticos, así como las preguntas test antes de consultar las soluciones orientativas. Estas no profundizan en los temas propuestos desde un punto de vista teórico, sino que buscan orientar las soluciones que el futuro abogado deberá aportar en su práctica profesional.

— Todos los supuestos planteados son ficticios, sin perjuicio de que puedan basarse en casos reales.

CASO PRÁCTICO 1

Isabel, de 17 años, lleva dos o tres días en su casa, sita en Vélez Rubio (Almería), con dolor abdominal en el lado derecho, fiebre, vómitos, y náuseas.

A última hora de la tarde decide acudir al centro de salud de su localidad, perteneciente a la red del sistema público de salud. El médico de urgencias la explora, y sin realizar ninguna prueba diagnóstica, le dice que no es nada grave, una intoxicación alimentaria, que tome un protector de estómago, y un antiinflamatorio no esteroideo (AINE) cada ocho horas durante tres días, y que vuelva a urgencias si persiste el dolor.

A los dos días, Isabel continúa con los mismos síntomas y padece un dolor abdominal agudo que la imposibilita para sus tareas diarias, por lo que vuelve al centro de salud de Vélez-Rubio (Almería), donde el mismo médico de urgencias la explora, y, tras descartar un embarazo, le indica que se trata de un quiste ovárico, propio de la edad, y le recomienda que pida cita en el servicio de ginecología. En esta segunda visita únicamente realizó una exploración mediante la palpación de la zona abdominal, y un análisis de sangre para descartar un embarazo.

Al día siguiente de esta última visita, los padres de Isabel, ante la intensidad del dolor, la trasladan al Hospital Universitario Virgen de las Nieves de Granada, donde le diagnostican una apendicitis en estado avanzado, que ha ocasionado una peritonitis.

Isabel fue intervenida de urgencia, sin que se firmase el consentimiento informado, dada la gravedad de la situación y el riesgo vital existente, y se le practicó una apendicectomía.

Durante la intervención quirúrgica hubo ciertas complicaciones; finalmente Isabel, tras tres meses de hospitalización quedó recuperada, y fue dada de alta sin secuelas, salvo una cicatriz de 10 centímetros.

ACTIVIDAD 1

Dos meses después de que Isabel fuera dada de alta, los padres de Isabel, que ha cumplido los 18 años durante su estancia en el Hospital, acuden a tu despacho. Te consultan si pueden reclamar alguna cantidad a la Administración pública.

Redacta un breve escrito (máximo 2 folios) en el que des respuesta a su consulta, indicándoles quién puede reclamar, en qué plazo, ante quién habría que reclamar, cuál es el régimen jurídico aplicable y el objeto de la reclamación.

ACTIVIDAD 2

Redacta un breve escrito (máximo 2 folios) en el que expliques qué es la conocida como «doctrina de la pérdida de oportunidad» en el ámbito de la responsabilidad patrimonial sanitaria y su relación con el caso de Isabel.

ACTIVIDAD 3

Señala los medios de prueba de que intentarías valerte, tanto en vía administrativa como en vía judicial, en caso de que presentases finalmente una reclamación patrimonial.

ACTIVIDAD 4

Realiza un cálculo motivado de la cantidad económica que consideras se podría reclamar, especificando los distintos conceptos por los que se podría reclamar y su importe.

PREGUNTAS TEST

1. El plazo de prescripción para la reclamación de Isabel empezará a computarse:

a) Desde la curación o la determinación del alcance de las secuelas.
b) Desde el día siguiente a la primera visita al centro de salud.
c) Desde el día en que se practicó la apendicetomía.
d) Desde el día en que se trasladó a Isabel a la habitación, una vez terminada la intervención quirúrgica.

2. En caso de que la Administración desestime mediante resolución expresa que ponga fin a la vía administrativa la reclamación presentada por Isabel, el plazo para su impugnación en vía judicial es de:

a) Dos meses contados desde el día siguiente al de la notificación del acto administrativo.
b) Un mes contado desde el día siguiente al de la notificación del acto administrativo.
c) Seis meses contados desde el día siguiente al de la notificación del acto administrativo.
d) Tres meses contados desde el día siguiente al de la notificación del acto administrativo.

3. Isabel presentó la reclamación, pero la Administración no ha dictado ninguna resolución. ¿A partir de qué momento se entiende desestimada por silencio administrativo?

a) Transcurridos doce meses desde que se inició el procedimiento.

b) Transcurridos tres meses desde que se inició el procedimiento.

c) Transcurridos dos meses desde que se inició el procedimiento, que podrán ser prorrogados por otros dos meses.

d) Transcurridos seis meses desde que se inició el procedimiento.

4. Imagina que se hubiera presentado la reclamación por parte de Isabel y que, transcurridos cinco años y seis meses desde que se presentó la reclamación y se inició el procedimiento administrativo, la Administración no hubiera dictado resolución expresa que pusiera fin al procedimiento administrativo. Señala cuál es la respuesta correcta:

a) Una vez transcurridos seis meses desde que se produjo el acto presunto desestimatorio, se tenía que haber acudido a la vía judicial; al no haberlo hecho, no cabe ningún recurso en vía judicial.

b) En casos de silencio administrativo, queda abierta la posibilidad de impugnación *sine die*.

c) El transcurso de cinco años produce la prescripción de las acciones personales, con arreglo al artículo 1.964 del Código Civil, por lo que no cabe ninguna posibilidad de impugnación.

d) Isabel tuvo que haber accionado contra el silencio administrativo en un plazo de un año desde que este se produjo; al no haberlo hecho, la desestimación presunta es un acto firme y consentido, y, por tanto, inatacable.

5. Los tres meses de hospitalización de Isabel se consideran, con arreglo a la Ley 35/2015, de 22 de septiembre, de reforma del sistema para la valoración de los daños y perjuicios causados a las personas en accidentes de circulación, como:

a) Días impeditivos.

b) Perjuicio personal básico.

c) Perjuicio personal particular moderado.

d) Perjuicio personal particular grave.

MATERIALES

— Ley 41/2002, de 14 de noviembre, básica reguladora de la autonomía del paciente y de derechos y obligaciones en materia de información y documentación clínica.

— Sentencia 681/2014 del Tribunal Superior de Justicia de Madrid, de 25 de septiembre.

CASO PRÁCTICO 2

América One Group, S.A. es la sociedad cabecera de un grupo de empresas dedicado al marketing digital. Al tratarse de una sociedad holding, América One Group, S.A. es titular de acciones representativas del capital social de las sociedades del grupo y no desarrolla actividad económica o comercial alguna en ningún emplazamiento físico distinto de su sede social, situada en Madrid.

Entre sus empresas filiales se encuentra América One Digital, S.A. Se trata de una sociedad participada al 100 por 100 por América One Group S.A. Su objeto social es la prestación de servicios de asesoría en marketing digital y sus oficinas se encuentran situadas en Valencia.

Con carácter previo a la apertura de las oficinas situadas en Valencia, América One Digital, S.A. tramitó el pertinente comunicado de actividad ante el Ayuntamiento habiendo recibido la notificación de su admisión y la confirmación de que esas oficinas disponían de título habilitante suficiente para el desarrollo de la actividad. El comunicado de actividad tiene validez indefinida.

Aproximadamente tres años después de la apertura de la oficina de Valencia, se recibe en dichas instalaciones una notificación del Ayuntamiento dirigida a América One Group, S.A. El recepcionista de la oficina, empleado de América One Digital, S.A. recoge la notificación y la envía por valija interna a la sede de la sociedad matriz en Madrid.

Mediante dicha notificación se comunica la incoación de un procedimiento de restauración de la legalidad contra la destinataria por desarrollar la actividad de oficina en esa ubicación sin disponer del debido título habilitante de actividad. En la misma, se confiere un plazo de 1 mes a América One Group, S.A. para justificar que dispone de título habilitante suficiente para el desarrollo de sus actividades y formular las alegaciones que considere oportuno para la defensa de sus intereses.

ACTIVIDAD 1

El consejero delegado de América One Group, S.A. se pone en contacto contigo, como abogado interno del grupo de empresas que dirige, y solicita tu opinión al respecto de la notificación recibida. En concreto, te pide aclaración sobre si América One Digital, S.A. puede darse por notificada o no, teniendo en cuenta la estrecha relación entre ambas sociedades.

Prepara un breve mail en el que expongas tu opinión al respecto, justificándola sucintamente con referencia a las reglas sobre notificación previstas en la normativa básica sobre procedimiento administrativo común.

ACTIVIDAD 2

Apenas dos días más tarde y sin que la anterior notificación haya tenido respuesta alguna por parte de América One Group, S.A. ni de América One Digital, S.A., se recibe una nueva notificación en la oficina de Valencia de América One Digital, S.A., de nuevo dirigida a América One Group, S.A., mediante la cual el Ayuntamiento ordena el cese de la actividad desarrollada en esa misma ubicación en el plazo máximo de quince días, haciendo expresa referencia a que esta decisión se adopta en el marco del procedimiento de restauración de la legalidad que continúa tramitándose.

El consejero delegado te solicita asesoramiento sobre la posibilidad de reaccionar jurídicamente ante dicha orden de cese.

Prepara una breve nota en la que indiques si existe vía para impugnar la mencionada orden de cese, citando la normativa y jurisprudencia que apoye tu tesis.

ACTIVIDAD 3

¿Puede considerarse a América One Digital, S.A. interesado en el procedimiento de restauración de la legalidad? Justifica tu respuesta citando los preceptos de la normativa básica sobre procedimiento administrativo común que consideres oportuno.

ACTIVIDAD 4

Sin que se haya agotado el plazo de quince días para el cese de la actividad y sin que se haya presentado escrito alguno en el marco del expediente de restauración de la legalidad, se recibe una nueva notificación, ahora en la oficina de América One Group, S.A., sita en Madrid. Mediante esta nueva comunicación se informa de la incoación de un procedimiento sancionador por la supuesta comisión de una infracción consistente en «ejercer la actividad de oficinas sin disponer del debido título habilitante» y se afirma que no consta en los archivos del Ayuntamiento que América One Group, S.A. haya presentado comunicado alguno de actividad para desarrollar su actividad en la oficina situada en Valencia.

Redacta un argumento jurídico (asumiendo que formaría parte del escrito de alegaciones a presentar al Ayuntamiento) en el que justifiques la improcedencia de imputar a América One Group, S.A. la infracción indicada. Cita la jurisprudencia que consideres oportuno en apoyo de la pretensión formulada.

PREGUNTAS TEST

1. ¿Tiene obligación América One Group, S.A. de presentar el escrito de alegaciones mediante el registro electrónico de la sede electrónica del Ayuntamiento de Valencia?

a) No, dado que ha sido el Ayuntamiento el que ha optado por realizar las notificaciones de estos procedimientos por vía postal, por lo que no puede exigir al interesado que emplee una forma distinta de relacionarse con la Administración.
b) No, al tratarse de procedimientos sancionadores o de restauración de la legalidad, para mayor garantía del administrado se permite que este presente sus escritos tanto en la sede electrónica como en las oficinas de registro presenciales del Ayuntamiento.
c) No, al tener su sede social en otro municipio distinto de Valencia, puede presentar los escritos dirigidos al Ayuntamiento en cualquier oficina de correos.
d) Sí, al tratarse de una persona jurídica tiene la obligación de relacionarse con la Administración por medios electrónicos.

2. Asumiendo que la notificación referida en el enunciado fue practicada el 2 de enero de 2020, ¿cuál sería la fecha límite para América One Group, S.A. para justificar que dispone de título habilitante suficiente para el desarrollo de sus actividades y formular las alegaciones que considere oportunas para la defensa de sus intereses?

a) 31 de enero de 2020.
b) 1 de febrero de 2020.
c) 2 de febrero de 2020.
d) 3 de febrero de 2020.

3. El documento notificado estaba redactado en valenciano únicamente, ¿tiene derecho América One Group, S.A., a que el Ayuntamiento traduzca al castellano la notificación relativa a la incoación del procedimiento sancionador?

a) Sí, al tratarse de una sociedad con domicilio fiscal español, tiene derecho a obtener esa traducción en todo caso.
b) Sí, dado que la notificación ha de surtir efecto en un territorio en el que el valenciano no es lengua cooficial.

c) Sí, pero tendrá que asumir los costes de traducción mediante el pago de la correspondiente tasa.

d) No, dado que la notificación se refiere a una actividad situada en la Comunidad Valenciana, territorio en el que el valenciano es lengua cooficial.

4. ¿Cuál es el plazo para cursar la notificación de un acto administrativo?

a) No existe un plazo para cursar la notificación, si bien dicho acto no surtirá efectos hasta que sea notificado.

b) Diez días desde que haya sido dictado.

c) Un mes desde que haya sido dictado.

d) Tres meses desde que haya sido dictado.

5. ¿Puede actuar América One Group, S.A. ante el Ayuntamiento como representante de América One Digital, S.A. en los procedimientos administrativos referidos en el enunciado y las Actividades 1 a 4?

a) Sí, porque es titular del 100 por 100 de su capital social.

b) Solamente en el caso de que así lo prevean sus estatutos sociales.

c) No, en ningún caso una sociedad puede actuar como representante de otra ante una Administración.

d) No, al existir un potencial conflicto de interés entre ambas sociedades.

MATERIALES

— Ley 6/2014, de 25 de julio, de Prevención, Calidad y Control ambiental de Actividades en la Comunidad Valenciana.

CASO PRÁCTICO 3

El señor José Pandelbueno, reside en el municipio de Las Industrias de Arriba (Tarragona). Vive en una casa aislada, rodeada de un jardín, situada en el extremo del término municipal, junto al polígono industrial denominado «Trabajamos Mucho». El señor Pandelbueno es panadero y se levanta a las 4.00 h. para empezar la elaboración diaria del pan en la panadería que tiene en el centro del pueblo, de lunes a domingo. Su actividad laboral le obliga a acostarse temprano, para estar en plena forma mucho antes de que salga el sol.

El terreno donde se hizo construir la casa no está calificado como residencial, sino como terciario y de servicios. No obstante, el Ayuntamiento nunca ha cursado requerimiento alguno al señor José Pandelbueno en relación con el uso urbanístico de la parcela.

En la nave del polígono industrial que se encuentra más próxima a la casa del señor Pandelbueno está ubicada una planta de reciclaje de titularidad municipal denominada «RECICLAMOS MÁS».

El municipio de Las Industrias de Arriba está muy cerca de la Costa Dorada, en una zona donde hay muchos campings y bungalós de alquiler. Como consecuencia de la próspera situación del turismo en aquella zona, se da la circunstancia que el volumen de residuos que se genera los meses de julio y agosto es muy elevado. Esto ha comportado que varios municipios colindantes, que no disponen de planta recicladora, hayan suscrito un convenio en el mes de abril de 2020 con el Ayuntamiento de Las Industrias de Arriba para tratar sus residuos en la planta «RECICLAMOS MÁS».

Para poder dar tratamiento a todos los residuos, en estos dos meses «RECICLAMOS MÁS» ha incrementado su horario de funcionamiento hasta las 23.00 h., por lo tanto, más allá de la hora límite (21.00 h.) que prevé la normativa municipal para la actividad industrial y comercial, excepción que justifica en las necesidades derivadas del interés general en cuanto a la salubridad pública.

El señor Pandelbueno acude a tu despacho un día del mes de septiembre de 2019 y te explica que el ruido de los camiones que transportan los residuos y de la maquinaria trituradora que funciona cuando éstos dejan la carga no le deja dormir. Por ello, en numerosas ocasiones lo ha puesto en conocimiento de la concejalía de Civismo y Convivencia Ciudadana, incluso haciendo referencia a la vulneración del horario previsto en la propia ordenanza municipal. Aun así, la actividad de la planta de reciclaje mantiene su horario ampliado, dado que los ingresos que generan los convenios subscritos con el resto de municipios son muy necesarios para el Ayuntamiento.

Por otro lado, también te explica que, debido a las dificultades para conciliar el sueño, sufre agotamiento y falta de concentración. Ello ha comportado que, en varias ocasiones, por errores suyos al manipular la máquina amasadora o el horno eléctrico, no haya podido producir el pan del día, con las consecuencias económicas que esto supone por la pérdida de la producción. A estas pérdidas hay que sumar la reducción del número de clientes habituales, porque conocedores en el pueblo de que a veces no ha podido ofrecer pan del día, un número significativo de personas (alrededor de un 20 por 100) han cambiado de establecimiento para asegurarse que encontrarán ese producto.

El señor Pandelbueno atribuye los perjuicios que sufre a la actuación del Ayuntamiento y quiere reclamarlos, para lo cual contrata tus servicios.

ACTIVIDAD 1

Redacta una nota dirigida al director del despacho donde trabajas en la que analices cuál es la vía más adecuada para cursar la reclamación indicada por el señor Pandelbueno, enumerando los requisitos necesarios para emprenderla y analizando los eventuales obstáculos para su éxito. No hace falta que reproduzcas todo el relato de los hechos del enunciado, que se dan por sabidos.

ACTIVIDAD 2

¿Tiene alguna relevancia, desde el punto de vista de las posibilidades de que prospere la reclamación a plantear, que el funcionamiento de la planta «RECICLAMOS MÁS» haya sido extendido más allá del horario previsto en la ordenanza municipal de aplicación? Justifica tu respuesta.

ACTIVIDAD 3

Redacta una nota breve en la que describas someramente al señor Pandelbueno la acción que vas a emprender y los trámites del procedimiento que seguirá. Ten en cuenta que el cliente es lego en derecho y, por tanto, debes intentar que tu mensaje sea comprensible para él, evitando un exceso de tecnicismo.

ACTIVIDAD 4

Teniendo en cuenta que la resolución que la alcaldesa de Las Industrias de Arriba ha dictado en el procedimiento que has iniciado ha sido desestimatoria y te ha sido notificada el día 13 de mayo de 2020, explica qué recurso o recursos crees que se pueden interponer contra la misma, señalando el último día en que pueden ser presentados.

PREGUNTAS TEST

1. El recurso de alzada se puede interponer en relación con:

a) Actos de trámite no cualificados.
b) Resoluciones que agotan la vía administrativa.
c) Resoluciones firmes dictadas por órganos que tienen superior jerárquico.
d) Resoluciones dictadas por órganos que tienen superior jerárquico y que no han adquirido firmeza.

2. Contra una resolución que agota la vía administrativa:

a) Si no ha adquirido firmeza, se puede interponer recurso potestativo de reposición o recurso contencioso-administrativo.
b) No se puede interponer ningún recurso en vía administrativa, solo recurso contencioso-administrativo.
c) Si no ha adquirido firmeza, se puede interponer siempre recurso de alzada.
d) Si ha adquirido firmeza en vía administrativa, no se puede interponer recurso extraordinario de revisión.

3. Para evitar la ejecutividad de una resolución contra la que se interpone un recurso administrativo:

a) No hay que hacer nada, porque la interposición de recurso tiene siempre el efecto de suspender la ejecución de la resolución.
b) Hay que solicitar, justificadamente, la medida cautelar de suspensión de la ejecución, excepto en el caso de las resoluciones sancionadoras.
c) Hay que solicitar, justificadamente, la medida cautelar de suspensión en relación con las resoluciones dictadas en todo tipo de procedimientos administrativos.
d) No se puede hacer nada, porque la medida cautelar solo se puede pedir cuando se interpone recurso contencioso-administrativo.

4. La posibilidad de presentación de escritos y documentos sujetos a plazo hasta las 15 horas del día hábil siguiente a aquel en que finaliza el plazo, prevista por el artículo 135.5 de la Ley de Enjuiciamiento Civil:

a) Es aplicable tanto a la presentación de recursos administrativos como a la de recursos contencioso-administrativos.

b) Solo es de aplicación en el ámbito de la jurisdicción civil.

c) Es también de aplicación a la interposición de recursos contencioso-administrativos.

d) Es de aplicación a los plazos procesales de los recursos contenciosos-administrativos, pero no a la interposición de éstos.

5. La alegación de inadmisibilidad del recurso por concurrencia de alguna de las causas previstas en el artículo 69 de la Ley 29/1998, de 13 de julio, reguladora de la jurisdicción contencioso-administrativa:

a) Solo se puede formular por la parte demandada dentro de los cinco primeros días del plazo para contestar la demanda.

b) No se puede formular por las partes, porque la inadmisibilidad solo se puede apreciar de oficio por el órgano judicial y ser declarada en la sentencia.

c) Se puede formular por la parte demandada dentro de los cinco primeros días del plazo para contestar la demanda o bien en el mismo escrito de contestación a la demanda.

d) Se puede formular por la parte demandante y por la parte demandada.

CASO PRÁCTICO 4

Nuria es una joven emprendedora andaluza que hace unos meses se ha trasladado a Cataluña. Considera que, en su localidad de residencia actual, ubicada en la provincia de Barcelona, la oferta de plazas de guardería es insuficiente y, ante tal situación, decide informarse sobre los requisitos necesarios para abrir una guardería de titularidad privada.

El Departamento de Educación de la Generalitat de Catalunya le informa que la apertura de un centro de educación infantil privado de primer ciclo, es decir, destinado a niños y niñas de 0 a 3 años, está sometida a autorización administrativa. La solicitud para obtener esa autorización requiere que se acredite por el interesado el cumplimiento de una serie de requisito establecidos en el Decreto 122/2012, de 9 de octubre, del procedimiento de autorización y de comunicación previa para la apertura de centros educativos privados. Asimismo, le informan que, una vez solicitada la autorización, el plazo máximo para resolver el procedimiento es de tres meses, siendo el valor del silencio administrativo positivo, de modo que si no obtiene respuesta en el plazo indicado puede considerar estimada la solicitud.

Entre los documentos que deben aportarse junto con la solicitud de autorización, se incluye una declaración responsable del solicitante conforme cumple los requisitos para ser titular y el proyecto básico del centro, consistente en planos de los locales y planos de situación, que deben referirse a la distribución final de los espacios e instalaciones.

El 8 de junio de 2020 Nuria solicita la autorización correspondiente. Lo hace mediante un documento redactado en castellano, puesto que no domina aún el catalán. Acompaña a dicha solicitud toda la documentación exigida por la normativa, salvo los planos con la distribución de los espacios e instalaciones de la futura guardería, debido a que ha pedido al arquitecto incluir algunas pequeñas modificaciones en el proyecto. Nuria piensa que por la falta de un solo documento no habrá problemas en tramitar dicha solicitud y que, en todo caso, los aportará cuando tenga los definitivos.

Durante los meses de verano se llevan a cabo las obras de adecuación con mucha rapidez, puesto que tiene intención de abrir la guardería el mes de septiembre de 2020.

La ejecución de las obras genera ruidos, lo que ocasiona molestias a una vecina, Elisa, quien por algún comentario de los operarios, advierte la intención de abrir una guardería en el inmueble. Elisa piensa que las molestias generadas por las obras serán aún mayores cuando la guardería se encuentre en funcionamiento, debido a la presencia de numerosos niños en sus instalaciones. Por ello decide acudir al Departamento de Educación para preguntar al respecto, y en su caso formular alegaciones.

ACTIVIDAD 1

A principios de septiembre Nuria ya ha recibido varias solicitudes de inscripción a la guardería y tiene prevista la apertura el 15 de septiembre de 2020, pero está preocupada porque a falta de una semana para esa fecha aún no ha recibido notificación alguna que le confirme el otorgamiento de la autorización de apertura por parte del Departamento de Educación.

Ante tal situación, el 9 de septiembre de 2020 llama por teléfono al Departamento y plantea su inquietud, demandando información sobre el estado del expediente. El funcionario que la atiende, le solicita una dirección de correo electrónico para remitirle la información solicitada. Unas horas después, ese mismo día, recibe un correo electrónico del Departamento de Educación en el que se le informa de que, analizada la documentación presentada, se ha detectado un incumplimiento de los requisitos establecidos en la normativa para el otorgamiento de la autorización y que, en consecuencia, no puede resolverse el procedimiento en sentido estimatorio. En el correo electrónico, no se indica cuál es el incumplimiento detectado, pero se informa expresamente de que no puede abrirse la guardería en tanto no se obtenga la autorización.

Nuria se dirige a ti el 10 de septiembre de 2020 y te pregunta qué puede hacer. En concreto, necesita conocer si tiene derecho a consultar el expediente de solicitud de la autorización y, en su caso, cómo debería hacerlo. Te comprometes a contestarle el mismo día por correo electrónico.

Redacta el correo electrónico (máximo 1 folio) en el que le informas exclusivamente sobre la cuestión relativa a si tiene o no derecho a consultar el expediente.

ACTIVIDAD 2

El correo electrónico que recibió Nuria el 9 de septiembre de 2020 está en catalán, lo que le sorprende porque la solicitud la había escrito en castellano, y también se había dirigido en castellano en la conversación telefónica que dio lugar al correo electrónico. En la misma llamada en la que te consulta por la cuestión planteada en la Actividad 1, te pregunta también si se han vulnerado sus derechos lingüísticos.

Redacta un informe (máximo 2 folios) en el que expongas razonadamente si se habrían vulnerado o no los mencionados derechos lingüísticos.

ACTIVIDAD 3

El 17 de septiembre de 2020 Nuria recibe en su domicilio una notificación del Departamento de Educación, en la que se acompaña una resolución dictada el 7 de septiembre de 2020 por la que se deniega la autorización solicitada, y como motivo de denegación se indica la falta de aportación con la solicitud de los planos de distribución de los espacios e instalaciones. El mismo día acude a tu despacho y te pide asesoramiento legal sobre si dicha resolución es ajustada a derecho, y en su caso, que prepares el recurso administrativo correspondiente.

Redacta el fundamento jurídico (máximo 1 folio) que incluirías en dicho recurso argumentando los eventuales defectos procedimentales en que habría incurrido la resolución administrativa.

ACTIVIDAD 4

En la misma visita del 17 de septiembre de 2020 Nuria te explica que cuando acudió al Departamento de Educación a informarse sobre los trámites a seguir para abrir la guardería, le habían indicado que, si en tres meses no recibía ninguna notificación, podía considerar que se había autorizado, y te hace notar que recibió la resolución una vez superados los tres meses, aunque reconoce que la resolución está fechada el 7 de septiembre de 2020.

En el mismo recurso administrativo indicado en la Actividad 3, redacta el fundamento jurídico (máximo 2 folios) con toda la argumentación favorable a Nuria desde la perspectiva de los efectos del silencio administrativo.

PREGUNTAS TEST

1. Si una persona residente en Girona se dirige en castellano a la Administración de la Generalitat de Catalunya, la respuesta de dicho órgano será:

a) En catalán, en todo caso.
b) En castellano, puesto que la persona interesada se había dirigido en dicha lengua.
c) En catalán, salvo que la persona interesada hubiese solicitado expresamente ser atendida en castellano.
d) En catalán, salvo que se trate de un procedimiento en el que se aplica legislación básica estatal.

2. Si una persona residente en Mallorca se dirige en lengua catalana a un órgano de la Administración General del Estado en las Islas Baleares, en un procedimiento en el que no hay más interesados, la respuesta de dicho órgano será:

a) En catalán, en todo caso.
b) En castellano en todo caso, puesto que la lengua habitual de la Administración General del Estado es el castellano.
c) En castellano, salvo que la persona interesada hubiese solicitado expresamente la respuesta en catalán.
d) En catalán, salvo que el funcionario que elabora la respuesta no tenga conocimientos suficientes para ello.

3. Señala la afirmación incorrecta respecto al derecho de acceso al expediente administrativo:

a) Si solicita acceso una persona interesada se rige por las normas de procedimiento administrativo.
b) Si solicita acceso una persona que no tenga la condición de interesada en el procedimiento se rige por la legislación de transparencia y acceso a la información pública.
c) Si solicita acceso una persona interesada se trata de un derecho absoluto al estar conectado al derecho de defensa.
d) Si solicita acceso una persona interesada se trata de un derecho conectado al derecho de defensa, pero sometido a limitaciones.

4. Si la solicitud de inicio de un procedimiento no aporta toda la documentación exigida por la legislación aplicable:

a) Deberá otorgarse un plazo de diez días al solicitante para que aporte la documentación que falta, y si no lo hace se le tendrá por desistido, sin más.
b) Deberá otorgarse un plazo de diez días al solicitante para que aporte la documentación que falta, y si no lo hace se le tendrá por desistido, dictando la resolución correspondiente en dicho sentido.
c) Deberá otorgarse un plazo de diez días al solicitante para que aporte la documentación que falta, si bien dicho plazo no suspende el cómputo del plazo máximo del procedimiento.
d) Deberá otorgarse un plazo de diez días al solicitante para que aporte la documentación que falta, que podrá ampliarse en cinco días más en todo tipo de procedimientos.

5. En procedimientos iniciados de oficio por la Administración y de los que pueden derivar derechos a favor de los interesados que han comparecido, si se supera el plazo máximo del procedimiento sin que se haya dictado y notificado la resolución, pueden entenderse:

a) Estimadas sus pretensiones.
b) Desestimadas sus pretensiones.
c) Que se ha producido la caducidad del procedimiento.
d) Desestimadas sus pretensiones, salvo que sea un caso de doble silencio.

MATERIALES

— Ley 19/2013, de 9 de diciembre, de transparencia, acceso a la Información pública y buen gobierno.
— Ley 1/1998, de 7 de enero, de Política Lingüística (Cataluña).

CASO PRÁCTICO 5

Nos situamos en el primer semestre de 2020. Teresa tiene 50 años y, hace un tiempo que se quedó sin trabajo. Estaba empleada en una industria textil y fue despedida. Como está en una franja de edad que le dificulta encontrar empleo, aprovechando su experiencia en la práctica del yoga y la meditación, Teresa tiene la intención de abrir un pequeño centro en su pueblo —Buenavista del Maresme (Barcelona)— donde llevar a cabo sesiones de estas disciplinas. La Ley 16/2015, de 21 de julio, de simplificación de la actividad administrativa de la Administración de la Generalitat y de los gobiernos locales y de impulso de la actividad económica, aprobada en 2015 y vigente en este momento, establece que la actividad que Teresa desea llevar a cabo está sometida únicamente a la presentación de una declaración responsable ante el Ayuntamiento correspondiente si el local donde se llevan a cabo no supera los 120 m² de superficie, y que, una vez presentada la declaración, se puede iniciar inmediatamente la actividad, cumpliendo —obviamente— los demás requisitos que la normativa sectorial pueda prever.

Sin embargo, el Ayuntamiento de Buenavista del Maresme aprobó en 2017 una Ordenanza que determina que los locales donde se realicen sesiones de yoga en grupo deben tener una superficie superior a los 120 m² y que, para llevar a cabo la actividad, se debe solicitar y obtener una autorización del alcalde o de la alcaldesa.

Teresa, que ha alquilado el local de 100 m² situado en los bajos del edificio de pisos donde reside, solicita la autorización municipal para abrir el taller, adjuntando la documentación que requiere la Ordenanza. Al cabo de unos días, concretamente el 15 de mayo de 2020, le es notificada la resolución de la alcaldesa que le deniega la autorización porque el local donde quiere instalar el taller no alcanza la superficie mínima que establece la Ordenanza. Ella, desesperada porque está pagando el alquiler del local y ha adquirido gran cantidad de material que ahora no puede usar, te pregunta a ti, que eres abogado/da, qué puede hacer ante esta situación. Tú conoces bien a Teresa, porque fuisteis compañeros mientras cursabais los estudios de grado de Derecho en la UOC.

ACTIVIDAD 1

Redacta una nota jurídica en la que expongas a Teresa qué opciones tiene ante la resolución de la alcaldesa, que ha denegado la autorización de acuerdo con lo previsto en la Ordenanza municipal. Indícale de qué vías de recurso dispone y señálale la viabilidad que consideras que tiene cada una. Explícale también cómo fundamentarías el recurso. Piensa que Teresa no es lega en derecho. Por lo tanto, aunque no es necesario que la nota sea formal, puede ser precisa en cuanto a la terminología jurídica.

ACTIVIDAD 2

Explica brevemente cuál sería la tramitación (hasta su resolución) del recurso que has aconsejado a Teresa interponer en sede judicial, así como los posibles recursos o incidentes procesales que podrían instarse. Indica también cuál sería el último día del plazo de interposición del mismo y ante qué órgano se tramitaría.

ACTIVIDAD 3

Ahora sitúate al otro lado de la barrera y actúa como letrado consistorial que recibe un recurso de Teresa contra la denegación de su solicitud de autorización, obviamente, en este caso, interpuesto en vía administrativa. Tu superior jerárquico te pregunta tu parecer sobre la controversia, en qué sentido crees que debería resolverse el recurso y si el Ayuntamiento debería llevar a cabo alguna otra actuación.

Transcribe sobre el papel la respuesta que darías a tu superior. No se trata de un informe, ni siquiera de una nota interna, simplemente la plasmación por escrito de tu opinión sobre las cuestiones planteadas. Sin embargo, al tratarse de un entorno profesional y de una «conversación» entre juristas, el registro lingüístico debe estar exento de coloquialismos.

PREGUNTAS TEST

1. Si Teresa decide interponer recurso contencioso-administrativo contra la resolución de la alcaldesa y te lo encarga, deberás hacerlo:

a) Mediante un escrito reducido a citar la resolución que se impugna y solicitar que se tenga por interpuesto el recurso, acompañado del documento que acredite tu representación y copia de la resolución de la alcaldesa.

b) Directamente mediante escrito de demanda, con el que no deberás acompañar ningún documento hasta que el órgano judicial te lo reclame.

c) Mediante un simple escrito en el que únicamente se cite la resolución que se impugna y se solicite que se tenga por interpuesto el recurso, sin acompañar ninguna documentación hasta que el órgano judicial la reclame.

d) Directamente mediante escrito de demanda, acompañado del documento que acredite tu representación, copia de la resolución de la alcaldesa y de los documentos en que se funde la pretensión.

2. En el caso de que el expediente administrativo que el Ayuntamiento presente ante el órgano judicial no esté completo:

a) En el plazo que se te otorgue para formular la demanda, podrás solicitar que se complete y tu solicitud suspenderá el plazo.

b) Solo podrá completarse si tú lo solicitas en el plazo de formulación de la demanda.

c) Solo podrá completarse si el representante del Ayuntamiento lo solicita en el plazo de contestación a la demanda.

d) Solo podrá completarse si ambas partes lo solicitan en los respectivos plazos de formulación de demanda y contestación a la misma.

3. Si fuera el caso que el local de Teresa sí tuviera la superficie mínima exigida por la Ordenanza y ella quisiera interponer un recurso contencioso-administrativo contra la resolución denegatoria de la autorización, ¿en qué fase del procedimiento se aportaría la documentación acreditativa de que cumple el requisito de superficie que ha sido cuestionado por el Ayuntamiento?

a) Quien ejerza su representación la podría aportar en cualquier momento de la tramitación del recurso, antes de dictar sentencia.

b) Quien ejerza su representación la debería aportar necesariamente con el escrito de interposición del recurso, dado que ya dispondría de ella.

c) Quien ejerza su representación la debería aportar necesariamente con la demanda.

d) Quien ejerza su representación la podría aportar con el escrito de conclusiones.

4. En ese mismo recurso contencioso-administrativo, una vez finalizada la práctica de la prueba y el período probatorio:

a) Quien ejerza la representación de Teresa puede pedir que se presenten conclusiones y, si lo hace, el órgano judicial deberá concederlo.

b) Quien ejerza la representación de Teresa puede pedir que se presenten conclusiones, pero si la Administración demandada no lo pide también, el órgano judicial no lo concederá.

c) La Administración demandada puede pedir que se presenten conclusiones, pero si quien ejerce la representación de Teresa no lo ha pedido también, el órgano judicial no lo concederá.

d) El órgano judicial no puede decidir que se presenten conclusiones si ninguna de las partes lo ha solicitado.

5. Si un recurso de alzada que has interpuesto contra la desestimación de una solicitud no es resuelto expresamente en el plazo de tres meses:

a) Se entiende estimado por el transcurso del tiempo, con independencia de que la desestimación previa fuera por resolución expresa o por silencio.

b) Se entiende estimado por el transcurso del tiempo, siempre que la desestimación previa fuera por resolución expresa.

c) Se entiende desestimado por el transcurso del tiempo, siempre que la desestimación previa fuera por silencio.

d) Se entiende estimado por el transcurso del tiempo, siempre que la desestimación previa fuera por silencio.

MATERIALES

— Ley 16/2015, de 21 de julio, de simplificación de la actividad administrativa de la Administración de la Generalitat y los gobiernos locales de Cataluña y de impulso de la actividad económica, vigente en el momento temporal en que se sitúa el caso aunque, a la fecha de edición de esta obra, el contenido de la misma relativo a la actividad económica ha sido derogado por la Ley 18/2020, de 28 de diciembre, de facilitación de la actividad económica.

CASO PRÁCTICO 6

Juan se presenta a una convocatoria para la selección, por procedimiento de concurso oposición libre, de dos agentes del cuerpo de la policía local del Ayuntamiento de Villamar, Cataluña.

En el curso de la tramitación del proceso selectivo, y con ocasión de la publicación de la lista de aspirantes admitidos y excluidos, se publican los miembros titulares y suplentes del tribunal calificador, y entre ellos se encuentra el padre de uno de los aspirantes admitidos: Carlos. Carlos es amigo de Juan y, además, forma parte de su grupo de estudio para la preparación del concurso oposición.

El procedimiento sigue avanzando y se constituye el órgano de selección con la participación del padre de Carlos.

Juan, conocedor de la relación de parentesco de Carlos con uno de los miembros del órgano de selección, considera que la situación no es regular.

Ambos aspirantes superan los dos primeros ejercicios, y los dos también son declarados aptos en las pruebas física previstas en las bases de la convocatoria. Una vez superados los ejercicios de la fase de oposición, y valorados los méritos en la fase de concurso, Carlos queda en segunda posición y Juan, en tercera. En consecuencia, Juan no es propuesto por el tribunal calificador para realizar el curso formativo correspondiente.

Un año después, superados el curso formativo y las prácticas, los dos aspirantes propuestos para realizar el curso formativo, entre ellos Carlos, son nombrados funcionarios de carrera, por decreto del alcalde, de 5 de mayo de 2020, publicado el día siguiente en el Boletín Oficial de la Provincia.

El 25 de septiembre de 2020, Carlos celebra su boda e invita a Juan. Entre copa y copa, Carlos confiesa a Juan que no dispone del graduado en Educación Secundaria Obligatoria y que el título que presentó junto a la solicitud para ser admitido en el proceso de selección era falso, habiendo resultado condenado por ello, por sentencia firme, de 20 de marzo de 2020, de un juzgado de Castellón de la Plana, donde había participado en un proceso de selección de policía local dos años atrás.

ACTIVIDAD 1

Durante la tramitación del proceso selectivo Juan se pone en contacto contigo y te pregunta si puede oponerse al hecho que el padre de Carlos sea miembro del tribunal calificador, así como que vía y en qué momento podría hacerlo, en su caso. Justifica tu respuesta.

ACTIVIDAD 2

Redacta el escrito dirigido al Ayuntamiento en el Juan exponga la situación prevista en la Actividad 1, incluyendo referencia a los preceptos legales relevantes.

ACTIVIDAD 3

¿Cómo tendría que resolver el Ayuntamiento la petición de Juan? ¿Qué procedimiento tendría que seguir a tal efecto?

ACTIVIDAD 4

¿Puede Juan impugnar el nombramiento de su amigo Carlos considerando la nueva información que ha recibido el día de la boda y el tiempo transcurrido?

PREGUNTAS TEST

1. ¿Cuál de las siguientes respuestas NO es una causa de abstención de las autoridades y del personal al servicio de las Administraciones Públicas en un procedimiento administrativo?

a) Tener cuestión litigiosa pendiente con algún interesado del procedimiento.
b) Haber tenido relación profesional con algunos de los interesados en los últimos tres años.
c) Ser cuñado de uno de los interesados.
d) Tener amistad íntima con alguno de los interesados.

2. ¿Cómo debe la administración practicar la notificación de los actos administrativos que se produzcan en el procedimiento selectivo a los aspirantes que se han presentado?

a) Por notificación individual a cada uno de ellos.
b) Por notificación a través de medios electrónicos.
c) Los actos administrativos en los procesos selectivos no se tienen que notificar.
d) En los procedimientos selectivos, al ser un procedimiento de concurrencia competitiva, la publicación de los actos sustituye a la notificación.

3. El acto administrativo que resuelve un escrito de recusación es:

a) Un acto administrativo que finaliza la vía administrativa.
b) Un acto de trámite que se puede impugnar.
c) Un acto de trámite que no se puede impugnar.
d) Ninguna de las respuestas anteriores es correcta.

4. La revisión de oficio de los actos administrativos nulos:

a) Se puede iniciar por iniciativa propia de la administración o a solicitud de persona interesada.
b) Solo se puede iniciar por iniciativa propia de la administración competente.
c) Se puede solicitar en el plazo de un año.
d) No requiere dictamen preceptivo del órgano consultivo competente.

5. ¿Cuál de las afirmaciones sobre el recurso extraordinario de revisión es falsa?

a) Se interpone contra actos firmes en vía administrativa.
b) Lo resuelve el mismo órgano que dictó el acto impugnado.
c) El plazo para interponerlo es distinto en función de la causa que lo promueva.
d) Si se interpone, no se puede formular solicitud de revisión de oficio.

MATERIALES

— Ley 16/1991, de 10 de julio, de las Policías Locales, de Cataluña.

CASO PRÁCTICO 7

Sandra Pérez regenta un pequeño comercio en Salamanca. Inicialmente lo explotaba como comerciante individual. Sin embargo, siguiendo las recomendaciones de su letrada, el día 1 de enero de 2019 constituyó una sociedad limitada, denominada MercaSandra, S.L., de la que Sandra fue nombrada administradora única y que es la mercantil a través de la que explota el comercio en la actualidad.

El día 14 de mayo de 2018, el Ayuntamiento de Salamanca, en el marco de un expediente administrativo en el que no se presentaron alegaciones por la interesada, impuso a Sandra una sanción de 3.000 euros, por haber instalado sin autorización en la puerta del comercio un pequeño expositor que ocupaba la vía pública. La sanción impuesta señalaba que, contra la misma, en un plazo de un mes, cabía recurso de reposición o recurso contencioso administrativo ante el Juzgado de lo Contencioso Administrativo de Salamanca.

La resolución sancionadora se intentó notificar a Sandra por correo postal el día 15 de mayo de 2018, a las 9:00 horas, momento en el que no había nadie en el local. Al día siguiente, a las 12:00 horas, se notificó la resolución sancionadora a una empleada del comercio que fue despedida al día siguiente.

Posteriormente, la Agencia Estatal de la Administración Tributaria (AEAT), tras haber realizado actuaciones de inspección, giró liquidación por el Impuesto sobre Sociedades de 2019, lo que notificó a la Dirección Electrónica Habilitada el día 22 de febrero de 2021. Sandra no accedió a su buzón.

Igualmente, tras una visita que realizó Sandra a la Delegación de Hacienda para otra cuestión, y tras entrevista con el actuario tuvo conocimiento de la liquidación por el Impuesto sobre Sociedades de 2019, por lo que manifestó que quería copia de la liquidación, y se notificó nuevamente la misma liquidación a Sandra, esta vez por correo postal, el día 16 de marzo de 2021 en el domicilio de su comercio.

La liquidación girada por el Impuesto sobre Sociedades, por importe total de 6.234,36 euros, incluía carta de pago de tal cantidad, e indicaba que debía procederse al pago de tal cantidad en período voluntario, así como que contra la misma cabía recurso de reposición en un plazo de un mes o reclamación económico-administrativa ante el Tribunal Económico Administrativo Regional de Castilla y León en igual plazo.

ACTIVIDAD 1

Indica cuál es el último día en que puede interponerse el recurso de reposición contra la sanción del Ayuntamiento y cuál sería el último día para la interposición de recurso contencioso administrativo. Justifica tu respuesta.

ACTIVIDAD 2

Indica cuál es el último día en que pueden interponerse el recurso de reposición y la reclamación económico-administrativa contra la liquidación de la Administración tributaria. Justifica tu respuesta.

ACTIVIDAD 3

Señala cómo y dónde deben presentarse el recurso de reposición contra la sanción del Ayuntamiento, el recurso contencioso administrativo contra la sanción y la reclamación económico-administrativa frente a la liquidación.

ACTIVIDAD 4

Sandra Pérez te pide asesoramiento sobre los efectos de la interposición de los recursos referidos en las Actividades anteriores. Responde brevemente a las siguientes preguntas:

a) En el caso de que Sandra interponga recurso de reposición contra la sanción, ¿se suspende la ejecución de esta? ¿Y si interpone recurso contencioso administrativo?

b) Si Sandra interpone recurso de reposición contra la liquidación girada, ¿queda suspendido el pago de esta?, ¿y si interpone reclamación económico-administrativa?

c) Imagina que Sandra, además de su actividad comercial, es funcionaria de carrera. ¿Afectaría su condición de empleada pública al régimen de notificaciones?

PREGUNTAS TEST

1. Señala cuál de los siguientes no está obligado a relacionarse electrónicamente con las Administraciones Públicas:

a) Una comunidad de propietarios de un edificio sujeto al régimen de propiedad horizontal.
b) Una persona jurídica.
c) Los empleados públicos para cualquier trámite que realicen.
d) Las entidades sin personalidad jurídica.

2. Señala cuál de las siguientes afirmaciones es falsa en relación con el cómputo de plazos:

a) El registro electrónico permitirá la presentación de documentos todos los días del año durante las veinticuatro horas.
b) Cuando el último día del plazo sea inhábil, se entenderá prorrogado al primer día hábil siguiente.
c) La presentación de un escrito en el registro electrónico en un día inhábil se entenderá realizada en la primera hora del primer día hábil siguiente salvo que una norma permita expresamente la recepción en día inhábil.
d) Cuando los plazos se señalen por días, si no se expresa otra cosa, se entiende que éstos son naturales.

3. Si Sandra interpone recurso de reposición frente a la sanción del Ayuntamiento de Salamanca, y transcurre el plazo máximo establecido para la resolución de este y su notificación:

a) Se podrá entender estimado por silencio administrativo positivo.
b) Se podrá entender desestimado.
c) Se producirá la caducidad.
d) Cabría interponer recurso extraordinario de revisión con carácter previo a la vía judicial.

4. El error o la ausencia de la calificación del recurso por parte del recurrente:

a) No será obstáculo para su tramitación, siempre que se deduzca su verdadero carácter.
b) Supondrá la inadmisión del mismo.
c) Supondrá que el mismo se tenga por no presentado.
d) Supondrá la desestimación de plano del recurso.

5. ¿Debe Sandra abonar el importe de la multa si interpone recurso de reposición?

a) Sí, salvo que preste fianza o caución.

b) Sí, al ser todas las resoluciones sancionadoras directamente ejecutivas.

c) No, por tratarse de una resolución sancionadora contra la que cabe algún recurso en vía administrativa.

d) Solo si hay reincidencia.

MATERIALES

— Ley 58/2003, de 17 de diciembre, General Tributaria (LGT).

— Ley 11/2007, de 22 de junio, de acceso electrónico de los ciudadanos a los Servicios Públicos (LAECSP).

— Real Decreto 1363/2010, de 29 de octubre, por el que se regulan supuestos de notificaciones y comunicaciones administrativas obligatorias por medios electrónicos en el ámbito de la Agencia Estatal de Administración Tributaria.

CASO PRÁCTICO 8

Laura es funcionaria de carrera del Ayuntamiento de Villagrande, Cataluña, en concreto, es agente de la Policía local.

Conforme a la organización establecida por los responsables de la Policía Local del Ayuntamiento, con carácter general para todos los miembros del cuerpo, Laura trabaja en turno de mañana las semanas pares y en turno de noche las impares. Por razones personales y para conciliar mejor su vida personal y laboral, solicita al sargento responsable de la organización de los turnos que le asigne solo turnos de mañana. El sargento deniega la solicitud e indica a Laura que el motivo de la decisión es establecer diferencias en los turnos de los agentes según las preferencias de cada uno vulneraría el principio de igualdad.

Laura está en desacuerdo con la decisión del sargento. A principios de noviembre, se encuentra con él durante un cambio de turno en un pasillo de las dependencias de la Policía local y, gritando, y en presencia de otros agentes, Laura lo llama «inútil», además de otros insultos, y le espeta la frase «esto me lo pagarás».

*El día 20 de noviembre de 2019, Laura recibe una notificación del decreto de alcaldía, de 15 de noviembre de 2019, por el que se le incoa un procedimiento disciplinario, por la presunta comisión de una falta de carácter grave tipificada en el artículo 49.*b*) de la Ley 16/1991, de 10 de julio, de las Policías Locales de Cataluña consistente en la falta de respeto o consideración graves y manifiestas hacia los superiores, los compañeros, los subordinados o los ciudadanos. Además, en el mismo decreto, se adopta, como medida cautelar, la suspensión provisional de funciones, con pérdida de retribuciones, hasta que finalice el procedimiento disciplinario.*

Laura contacta con su hermano, que estudió Derecho, y le pregunta qué puede hacer. Su hermano le indica que puede presentar un recurso en vía administrativa contra la medida cautelar, que él se lo redactará y lo presentará él mismo en la oficina de atención ciudadana del Ayuntamiento para evitar a su hermana la molestia del desplazamiento.

ACTIVIDAD 1

¿Qué recurso administrativo puede interponer Laura? Indica el motivo o motivos que puede utilizar como fundamentación jurídica.

ACTIVIDAD 2

En relación con la presentación del recurso, ¿Tiene razón el hermano de Laura? ¿Puede el hermano de Laura presentar el recurso? Justifica tu respuesta y, en su caso, los requisitos que habría de cumplir la presentación del recurso.

ACTIVIDAD 3

Una vez presentado el recurso administrativo contra la medida cautelar y en tanto el mismo no sea resuelto, ¿puede interponer Laura recurso contencioso-administrativo? ¿Es preceptiva la intervención de abogado y/o procurador en los trámites a realizar en nombre de Laura ante los órganos jurisdiccionales?

ACTIVIDAD 4

Finalmente, el recurso administrativo presentado contra el decreto, de 15 de noviembre de 2019, que adopta la medida cautelar, no ha sido resuelto de forma expresa. Laura se dirige al bufete donde ejerces como abogado o abogada para informarse de cómo continuar con la impugnación del acto en vía judicial. Te plantea las siguientes preguntas: ¿De qué plazo dispone para interponer el recurso contencioso-administrativo? ¿Mediante qué tipo de procedimiento se sustanciará el recurso contencioso-administrativo?

Redacta un correo electrónico para enviar a Laura respondiendo las preguntas y explicándole brevemente las fases en las que se sustanciará el procedimiento judicial.

PREGUNTAS TEST

1. El último día que tiene Laura para interponer el recurso administrativo contra la medida cautelar adoptada por el alcalde es:

a) El 21 de diciembre de 2019.
b) El 20 de diciembre de 2019.
c) El 15 de diciembre de 2019.
d) El 18 de diciembre de 2019.

2. Los Juzgados de lo Contencioso-administrativo conocerán, en única o primera instancia según lo dispuesto en la Ley 29/1998, de 13 de julio, de los recursos contra:

a) Los actos de la Administración de las Comunidades Autónomas, excepto las impugnaciones de instrumentos de planeamiento urbanístico.
b) Las reclamaciones por responsabilidad patrimonial de los entes locales cuya cuantía no exceda de 30.050 euros.
c) Las disposiciones generales.
d) Los actos de las entidades locales, excepto las impugnaciones de instrumentos de planeamiento urbanístico.

3. ¿Contra qué tipo de actuaciones administrativas puede dirigirse un recurso contencioso-administrativo?

a) Contra disposiciones de carácter general y actos administrativos expresos y presuntos que no pongan fin a la vía administrativa.
b) Contra disposiciones de carácter general y solo actos administrativos expresos pongan o no fin a la vía administrativa.
c) Contra la actuación material de la Administración que constituya vía de hecho.
d) Contra actos administrativos expresos y presuntos, pongan o no fin a la vía administrativa, y contra la inactividad de la Administración.

4. Los juzgados de lo Contencioso-administrativo NO conocen por el procedimiento abreviado los asuntos de su competencia sobre:

a) Cuestiones de personal al servicio de las administraciones públicas.
b) Asuntos de disciplina deportiva en materia de dopaje.
c) Cuestiones de cuantía superior a los 30.000 euros.
d) Inadmisión de peticiones de asilo político.

5. ¿Puede ampliarse el objeto del procedimiento judicial contencioso a actos dictados con posterioridad, como, por ejemplo, a la resolución que impone la sanción disciplinaria, una vez interpuesto el recurso contencioso-administrativo contra la resolución que adopta la medida cautelar?

a) Sí, si lo solicita el demandante antes de dictarse sentencia, en el plazo establecido, en relación con actos, disposiciones o actuaciones que tengan relación con el objeto del recurso, porque sean reproducción, confirmación o ejecución de otros o porque exista entre ellos cualquier otra conexión directa.
b) No, nunca.

c) No, solo es posible la acumulación de recursos distintos, de acuerdo con el artículo 37 de la Ley 29/1998, de 13 de julio.

d) No, en ningún caso, deben necesariamente impugnarse por separado con el límite de la observancia del artículo 69.*d*) de la Ley 29/1998, de 13 de julio.

MATERIALES

— Ley 16/1991, de 10 de julio, de las Policías Locales de Cataluña.

CASO PRÁCTICO 9

Los servicios de inspección de transportes por carretera de la Junta de Andalucía reciben un escrito firmado en fecha 14 de enero de 2019 por una persona —que se identifica con su nombre y apellidos— en el que denuncia que la empresa de transportes El Corredor Mediterráneo, en la que ha estado prestando servicios varios años, ubicada en la provincia de Almería, obliga a sus trabajadores a conducir más horas de las permitidas. A raíz de aquella denuncia el servicio de inspección de transporte terrestre de la Junta de Andalucía en la provincia de Almería, inicia un período de información previa para esclarecer los hechos denunciados.

En el marco de la información previa abierta, el 16 de diciembre de 2019 un inspector del servicio provincial se presenta en las instalaciones de la empresa y después de identificarse debidamente, es atendido por un administrativo de la empresa puesto que el responsable de la empresa está ausente de viaje. El inspector solicita la documentación acreditativa de todos los trabajadores conductores, así como el acceso a los sistemas informáticos en los que consta la información registrada de los tacógrafos digitales de los 5 vehículos de la empresa que, según las investigaciones efectuadas, constan a nombre de la empresa. El administrativo, ante la imposibilidad de contactar con el responsable de la empresa, recuerda las instrucciones que le dio tiempo atrás ante una eventual inspección, que podían resumirse en que «al inspector, ni agua». En base a dichas instrucciones decide actuar en consecuencia y solicita al inspector conocer la razón de dicha inspección, a lo que el inspector le contesta que la inspección se lleva a cabo a consecuencia de una denuncia de un particular. En ese momento el representante de la empresa le solicita una copia de la denuncia, y el inspector deniega tal petición. Ante ello, el representante manifiesta al inspector que no le facilita la documentación y el acceso a los sistemas requeridos, si no muestra una autorización judicial.

El inspector levanta acta en fecha 16 de diciembre de 2019 en la que hace constar que la representación de la empresa le ha negado la documentación requerida y el acceso a la información almacenada sobre los tiempos de conducción, y añade que dicha conducta de obstrucción a la inspección podría ser constitutiva de una infracción muy grave. Le ofrece al empleado la posibilidad de firmar, pero este se niega, y también rechaza la copia del acta que le quería entregar el inspector. Después de haberse marchado el inspector, el administrativo le envía un correo al responsable explicándole lo sucedido, y cuando el responsable lee el correo el mismo 16 de diciembre de 2019, al finalizar su lectura, en su interior agradece la fidelidad del empleado, puesto que ha actuado tal como lo hubiera hecho él mismo de estar allí.

Pasado un tiempo se notifica a la empresa por medios electrónicos el acuerdo de iniciación de procedimiento sancionador, de fecha 30 de junio de 2020, en el que el órgano competente de la Junta de Andalucía imputa a la empresa la presunta comisión de una infracción muy grave, y se le informa que puede sancionarse con una multa de 4.001 euros a 6.000 euros por cada uno de los cinco vehículos de la empresa, lo que podría dar un total de 30.000 euros. En dicho acuerdo de iniciación se designa al instructor del expediente, que es precisamente el funcionario inspector que había llevado a cabo la inspección. La empresa accede al contenido de la notificación en fecha 3 de julio de 2020. En el acuerdo de iniciación se indica que las actuaciones de inspección se iniciaron al recibir una denuncia el 14 de enero de 2019, es decir un año y medio antes, por lo que el responsable de la empresa se plantea la posibilidad de alegar la prescripción. La tramitación del procedimiento sigue su curso, y finalmente se dicta la resolución en fecha 25 de junio de 2021, por la que se impone la sanción de 20.005 euros. Dicha resolución se deposita en la misma fecha en la sede electrónica correspondiente, si bien la empresa no accede a su contenido hasta el 2 de julio de 2021.

ACTIVIDAD 1

En fecha 16 de diciembre de 2019, una vez el responsable de la empresa ha recibido el correo electrónico de su empleado explicándole como ha ido la inspección, te reenvía el correo para que le informes, como abogado de la empresa, sobre si de la actuación de dicho empleado ante el inspector se podía derivar alguna responsabilidad para la empresa.

Redacta el contenido del correo electrónico de respuesta a dicha consulta (máximo 3 folios), analizando la conducta del empleado (en cuanto a la solicitud de copia de la denuncia y la posterior negativa a facilitar la información al inspector) y las posibles consecuencias.

ACTIVIDAD 2

Al recibir la notificación del acuerdo de iniciación en fecha 3 de julio de 2020, el responsable de la empresa te lo remite por correo electrónico con el fin que elabores un escrito de alegaciones y en su caso, de proposición de prueba.

Redacta lo que sería un breve escrito de alegaciones y proposición de prueba (máximo 2 folios) ante el acuerdo de iniciación de procedimiento sancionador, centrado en la parte de proposición de prueba, y sin incluir en el escrito ninguna de las cuestiones que corresponde analizar en el informe de la Actividad 3.

ACTIVIDAD 3

También al recibir la notificación del acuerdo de iniciación del procedimiento sancionador, además del escrito de alegaciones y proposición de pruebas, el responsable de la empresa te pide que elabores un informe sobre los posibles defectos procedimentales y motivos que se podrían utilizar como argumentos de defensa en el procedimiento sancionador.

Redacta el informe que te solicita el responsable de la empresa, en el que deben analizarse brevemente (máximo 2 folios) todas las cuestiones que podrían resultar beneficiosas para la empresa en la tramitación del procedimiento, y en particular lo relativo a: *a*) cumplimiento de plazos; *b*) la circunstancia relativa a que el instructor del procedimiento y quien actuó como inspector es la misma persona; y *c*) posibilidad de rebajar la sanción al importe mínimo posible.

ACTIVIDAD 4

Después de haberse dictado la resolución sancionadora, parece que ha llegado a conocimiento de la persona que había efectuado la denuncia. Al saber dicha persona que no se había impuesto la sanción máxima permitida por la legislación, monta en cólera e interpone un recurso administrativo contra dicha resolución sancionadora, del que se da traslado a la empresa para que formule las alegaciones que estime convenientes. La empresa te remite dicho oficio con el recurso del denunciante, y te pide que elabores un escrito de alegaciones con el fin que no prospere la pretensión del denunciante.

Redacta el escrito de alegaciones a dicho recurso (máximo 2 folios).

PREGUNTAS TEST

1. Si un Ayuntamiento aprueba una Ordenanza en la que incluye conductas tipificadas como infracción, ¿vulnera el principio de legalidad en materia sancionadora?

a) Si, el principio de legalidad exige que cualquier tipo infractor esté previsto en una norma con rango de Ley, por lo que una Ordenanza de un Ayuntamiento no podría tipificar infracciones.

b) No se vulnera el principio de legalidad si las Cortes Generales o una Asamblea Legislativa autonómica delega en favor de un Ayuntamiento la potestad de aprobar dicha Ordenanza con rango de Ley.

c) No se vulnera el principio de legalidad, al matizarse en los Ayuntamientos, puesto que la Ley 7/1985, de 2 de abril, fija unas condiciones generales a partir de las cuales los Ayuntamientos pueden tipificar infracciones en una Ordenanza y establecer sanciones de un máximo de 3.000 euros.

d) No se vulnera el principio de legalidad, al matizarse en los Ayuntamientos, puesto que la Ley 7/1985, de 2 de abril, fija unas condiciones generales a partir de las cuales los Ayuntamientos pueden tipificar infracciones en una Ordenanza y establecer sanciones de un máximo de 30.000 euros.

2. Si en una Ley autonómica se tipifica como infracción administrativa la conducta consistente en «transitar por la vía pública desnudo/a o casi», ¿qué principio de la potestad sancionadora podría vulnerar?

a) El de legalidad.
b) El de tipicidad.
c) El de proporcionalidad.
d) El de responsabilidad/culpabilidad.

3. La interposición de un recurso de alzada o reposición contra una resolución sancionadora, ¿suspende su ejecución?

a) Sí, en todo caso.

b) No, pero el órgano competente puede acordar la suspensión, previa ponderación, suficientemente razonada, entre el perjuicio que causaría al interés público o a terceros la suspensión y el ocasionado al recurrente como consecuencia de la eficacia inmediata del acto recurrido.

c) No, en ningún caso.

d) No, salvo que el sancionado acredite que el pago de la sanción le causa un perjuicio de imposible o difícil reparación.

4. En la resolución sancionadora, ¿puede elevarse la cuantía de la sanción que constaba en la propuesta de resolución?

a) No, en ningún caso.

b) Sí, en todo caso, puesto que el órgano resolutorio no está vinculado por la propuesta de resolución.

c) Sí, pero debe notificarse dicha intención al inculpado para que pueda formular alegaciones.

d) Sí, pero solo si se eleva la cuantía de la sanción, pero no se agrava la calificación de la infracción.

5. Si durante la tramitación del procedimiento sancionador se tiene conocimiento de otros hechos que podrían también imputarse a la persona inculpada…

a) Pueden añadirse a los hechos inicialmente imputados, puesto que es posible en un procedimiento imputar uno o más hechos, constitutivos de una pluralidad de infracciones.

b) No pueden añadirse, pero si sustituir a los hechos inicialmente imputados.

c) No pueden añadirse ni sustituir a los iniciales, puesto que los hechos imputados inicialmente deben mantenerse inalterables, sin perjuicio de la modificación de su calificación jurídica.

d) Pueden añadirse siempre que se conceda previamente un trámite de audiencia a la persona imputada.

MATERIALES

— Reglamento (UE) 2016/679 del Parlamento Europeo y del Consejo, de 27 de abril de 2016, relativo a la protección de las personas físicas en lo que respecta al tratamiento de datos personales y a la libre circulación de estos datos y por el que se deroga la Directiva 95/46/CE (Reglamento general de protección de datos).

— Ley 16/1987, de 30 de julio, de Ordenación de los Transportes Terrestres (LOTT).

CASO PRÁCTICO 10

Un procedimiento sancionador iniciado contra la empresa de transportes El Corredor Mediterráneo, finalizó con la imposición de una sanción de 20.005 euros, por considerar a dicha empresa responsable de la comisión de una infracción tipificada como muy grave en el artículo 140.12 de la Ley 16/1987, que tiene el literal siguiente: «La negativa u obstrucción a la actuación de los Servicios de Inspección del Transporte Terrestre o de las fuerzas encargadas de la vigilancia del transporte que imposibiliten total o parcialmente el ejercicio de las funciones que legal o reglamentariamente tengan atribuidas, así como la desatención total o parcial a sus instrucciones o requerimientos».

En el escrito de alegaciones presentado por la empresa de transportes ante el acuerdo de iniciación del procedimiento sancionador propuso la práctica de varias pruebas, pero todas ellas fueron inadmitidas por el órgano instructor, por considerarlas impertinentes.

La resolución sancionadora se dictó el 25 de junio de 2021, fecha en la que se depositó en la sede electrónica correspondiente, si bien la empresa no accedió a su contenido hasta el 2 de julio de 2021. La resolución sancionadora correspondía dictarla a la persona titular de la Dirección General de Movilidad de la Junta de Andalucía, pero por un error de origen informático, la resolución la dictó la persona titular de la subdirección adscrita a la Dirección General de Movilidad.

Al conocer el contenido de la resolución sancionadora, el responsable de la empresa considera que de haberse practicado las pruebas propuestas el sentido de la resolución habría sido distinto, por lo que entiende que la denegación de su práctica le había perjudicado. Pero no tiene claro si debía haber impugnado dicha denegación en el momento en que se le notificó, o si puede impugnarla ahora que ha recibido la resolución del procedimiento. Asimismo, también le genera dudas que una sanción muy grave no la haya dictado la persona titular de la Dirección General de Movilidad, sino un órgano jerárquicamente inferior.

ACTIVIDAD 1

El responsable de la empresa se dirige a ti para que le traslades por correo electrónico tu opinión fundada en derecho sobre la viabilidad de un eventual recurso administrativo centrado en las dos cuestiones que le generan dudas: *a*) denegación de pruebas; y *b*) resolución dictada por un órgano distinto al competente. Asimismo, te pregunta por la fecha límite para la interposición del recurso, puesto que tiene previsto empezar las vacaciones el mes de agosto.

Redacta el contenido del correo electrónico (máximo 1 folio) en el que analizas si las dos cuestiones indicadas por el responsable de la empresa podrían determinar la invalidez de la resolución sancionadora, y en qué grado, así como la viabilidad jurídica de su eventual impugnación. También debes indicarle la fecha límite para interponer el recurso administrativo.

ACTIVIDAD 2

En la misma conversación, el responsable de la empresa te traslada su preocupación ante la posibilidad de que deba abonar el importe de la multa a corto plazo. Al respecto, te pide que elabores un informe desde esta perspectiva, indicando todas las posibilidades existentes para demorar al máximo el momento en que debería pagar la multa, si finalmente se confirma porque los recursos no dan el resultado deseable.

Redacta un informe (máximo 2 folios) sobre la estrategia a seguir con el fin de demorar al máximo el momento en que debería abonarse la multa.

ACTIVIDAD 3

Después de haber recibido tu correo electrónico e informe, el responsable de la empresa te pide que redactes el recurso y te encargues tú mismo de presentarlo en plazo.

Redacta el recurso (máximo 2 folios), identificando cuál sería el recurso administrativo procedente contra la resolución sancionadora, incluyendo la razón por la que procede dicho recurso.

ACTIVIDAD 4

El recurso administrativo se interpone y superado el plazo máximo sin que se le haya notificado la resolución, el responsable contacta nuevamente contigo para preguntarte sobre las consecuencias de tal situación. En particular, te pregunta si la falta de respuesta significa que se ha desestimado el recurso y por lo tanto debe abonar la multa. También te pregunta si la demora se alarga más allá de lo razonable, tal retraso puede tener alguna incidencia en la obligación de pagar la multa.

Redacta un informe (máximo 2 folios) en el que se analicen las cuestiones planteadas por el responsable de la empresa.

PREGUNTAS TEST

1. ¿Cuál de las siguientes no es una característica de los recursos administrativos?

a) El acto objeto de recurso puede ser resolutorio o de trámite cualificado.
b) Con carácter general, cualquier persona puede interponerlo.
c) El recurso se interpone ante la propia Administración autora del acto.
d) El objetivo del recurso es que se deje sin efecto o se reforme el acto.

2. Contra las disposiciones administrativas o reglamentos:

a) No se puede interponer recurso administrativo, ni directa ni indirectamente.
b) Siempre se puede interponer recurso de reposición.
c) No se puede interponer recurso administrativo directo, pero sí que puede impugnarse un acto de aplicación de un reglamento, fundado en la ilegalidad de este.
d) No cabrá recurso, ni administrativo ni contencioso administrativo.

3. La interposición de un recurso administrativo:

a) Provoca la suspensión automática de la ejecutividad del acto administrativo impugnado.
b) En principio no provoca la suspensión del acto impugnado, salvo que lo solicite la persona recurrente.
c) Nunca puede provocar la suspensión del acto, en virtud del principio de eficacia inmediata.
d) En principio no provoca la suspensión del acto impugnado, salvo que se acuerde a petición de la persona recurrente o de oficio por el órgano competente, entre otros supuestos.

4. Los plazos de interposición de los recursos de alzada y de reposición son:

a) De un mes contra actos expresos, y no hay plazo contra actos no expresos.
b) De un mes contra actos expresos, y de tres meses contra actos no expresos.
c) De un mes tanto contra actos expresos como no expresos.
d) De un mes en el caso del recurso de alzada, y dos meses en el del recurso de reposición.

5. No es una causa de inadmisión de un recurso de alzada o de reposición:

a) La falta de legitimación del recurrente.
b) Que se impugne un acto trámite no cualificado.
c) Que se hayan desestimado en el fondo otros recursos interpuestos previamente por otras personas.
d) Que se haya superado el plazo de interposición.

MATERIALES

— Ley 16/1987, de 30 de julio, de Ordenación de los Transportes Terrestres (LOTT).

CASO PRÁCTICO 11

La Sentencia dictada de conformidad por el Juzgado de lo Penal n.º 1 de Tarragona el 7 de marzo de 2017 condenó por un delito contra los derechos de los trabajadores (art. 316 del Código Penal) en concurso ideal con un delito de imprudencia grave con resultado de muerte (art. 142 del Código Penal) al Jefe de Seguridad y Salud Laboral de la empresa Catalana de Obras y Excavaciones, S.A., con sede social en Tarragona, en relación con el fallecimiento de uno de sus trabajadores en un accidente acaecido en una obra que la empresa realizaba en el municipio de Tortosa (Tarragona).

Una vez finalizadas las actuaciones penales, se inició expediente administrativo sancionador por los mismos hechos, denunciados por la Inspección de Trabajo, contra la sociedad Catalana de Obras y Excavaciones, S.A., por la comisión de una falta muy grave, al no haber adoptado las medidas preventivas aplicables en ejecución de la normativa sobre prevención de riesgos laborales derivando un riesgo grave e inminente para la seguridad y salud de los trabajadores tipificado en el artículo 13.10 del Texto Refundido de la Ley sobre Infracciones y Sanciones en el Orden Social, aprobado por Real Decreto Legislativo 5/2000, de 4 de agosto, en relación con el artículo 14 de la Ley 31/1995, de 8 de noviembre, de Prevención de Riesgos Laborales; así como el artículo 3 del Real Decreto 773/1997, de 30 de mayo, sobre disposiciones mínimas de seguridad y salud relativas a la utilización por los trabajadores de equipos de protección individuales.

Durante la tramitación del procedimiento administrativo sancionador el representante legal de la mercantil no negó que el accidente ocurriera en la forma expresada en la Sentencia del Juzgado de lo Penal, relatando como hechos probados «la realización de los trabajos de rehabilitación del edificio sito en calle Mayor n.º 44 de Tarragona, instalando como medio de seguridad colectivo un andamio móvil pero sin la utilización de arnés de seguridad ni medio de protección individual por los obreros encargados de la ejecución de las obras».

El procedimiento administrativo sancionador concluyó con la Resolución de 15 de junio de 2019 del Conseller de Treball, Afers Socials i Famílies de la Generalitat de Cataluña confirmando en alzada la de 13 de abril de 2019 de la Direcció General de Relacions Laborals, Treball Autònom, Seguretat i Salut Laboral, por la que se imponía a la sociedad la sanción de 40.986 euros.

El «pie de recurso» indicaba que la resolución ponía fin a la vía administrativa y que no cabía recurso administrativo ordinario alguno, pero sí judicial ante los «ór-

ganos del orden jurisdiccional contencioso-administrativo competentes en el plazo de dos meses desde la notificación de la presente resolución».

ACTIVIDAD 1

El Consejero Delegado de la empresa de construcción Catalana de Obras y Excavaciones, S.A., se pone en contacto contigo, reputado Abogado especialista en la jurisdicción contencioso-administrativa, transmitiéndote su malestar por una actuación de la Administración que considera injusta al haber sido sancionada la empresa en vía administrativa por unos hechos que ya habían sido objeto de condena penal.

Explica a tu cliente las razones fundadas en Derecho por las que consideras o no vulnerado el principio denominado *non bis in idem.*

ACTIVIDAD 2

Explica la vinculación en el procedimiento administrativo de las resoluciones judiciales penales y sus efectos jurídicos. En particular:

a) Si terminado un proceso penal puede iniciarse un segundo procedimiento administrativo por los mismos hechos y en qué condiciones.

b) ¿Qué solución ha de darse cuando se concluye un procedimiento administrativo antes de iniciarse el penal violándose la regla de prioridad del segundo?

ACTIVIDAD 3

Ante la indefinición del «pie de recurso» de la resolución sancionadora, redacta a petición de tu cliente una nota jurídica sucinta en la que indiques el órgano del orden jurisdiccional contencioso-administrativo que consideras competente para el conocimiento del recurso desde el punto de vista objetivo y territorial. Ten en cuenta que el Consejero Delegado de la empresa a la que va dirigida no tiene conocimientos jurídicos especializados, por lo que tendrás que explicárselo de una manera clara y sencilla, pero con pleno rigor jurídico.

ACTIVIDAD 4

El Juez del orden jurisdiccional contencioso-administrativo ante el que finalmente se impugnó la resolución administrativa advierte en el acto de la vista la posible falta de jurisdicción. Contesta razonadamente a las siguientes preguntas:

a) ¿Es posible apreciar la falta de jurisdicción en un supuesto en el que se examine un acto administrativo que implica el ejercicio de la potestad sancionadora de la Administración? En caso afirmativo, indica la jurisdicción que tendría expresamente atribuido su conocimiento.

b) Explica los trámites a seguir en el caso de apreciarse esta falta de jurisdicción.

PREGUNTAS TEST

1. La falta de jurisdicción en el orden jurisdiccional contencioso-administrativo se apreciará:

a) A instancia de parte, previa audiencia del Ministerio Fiscal por plazo común de cinco días.

b) De oficio por el Juez, resolviéndola previa audiencia del Ministerio Fiscal por plazo de cinco días.

c) De oficio, resolviéndola previa audiencia de las partes por plazo de cinco días sin intervención del Ministerio Fiscal.

d) De oficio, resolviéndola previa audiencia de las partes, y del Ministerio Fiscal por plazo común de diez días.

2. La declaración de incompetencia de los Juzgados y Salas de lo Contencioso-administrativo:

a) Se podrá efectuar en cualquier momento, incluso después de dictarse la sentencia.

b) Adoptará la forma de sentencia y se podrá efectuar en cualquier momento.

c) Se hará por medio de Auto y deberá efectuarse antes de la Sentencia.

d) Todas las respuestas son falsas.

3. Declarada la falta de competencia del órgano jurisdiccional ante el que se interpuso el recurso:

a) Se declarará la inadmisibilidad del recurso.

b) Se remitirán las actuaciones judiciales al que se haya considerado competente.

c) Se planteará el correspondiente conflicto negativo de competencia.

d) Se remitirán las actuaciones judiciales al superior jerárquico para que determine el órgano competente.

4. La falta de jurisdicción declarada como causa de inadmisibilidad del recurso contencioso-administrativo:

a) Impide al recurrente acudir a otro orden jurisdiccional.

b) Dará lugar a un conflicto de competencia entre órdenes jurisdiccionales.

c) Permitirá al demandante acudir al Juez o Tribunal del orden jurisdiccional competente.

d) Será impugnable ante el Juez o Tribunal competente en el plazo de un mes desde que se notificó a la parte.

5. Los órganos judiciales resolverán sobre la falta de jurisdicción y competencia:

a) De oficio, sin audiencia de las partes, cuando constare de modo inequívoco y manifiesto.

b) De oficio, con audiencia de las partes y del Ministerio Fiscal cuyo informe será vinculante.

c) A instancia de cualquiera de las partes sin intervención del Ministerio Fiscal.

d) De oficio, con audiencia de las partes y del Ministerio cuyo informe será preceptivo.

MATERIALES

— Ley Orgánica 6/1985, de 1 de julio, del Poder Judicial (LOPJ).

— Ley 1/2000, de 7 de enero, de Enjuiciamiento Civil (LEC).

— Ley 36/2011, de 10 de octubre, Reguladora de la Jurisdicción Social (LRJS).

CASO PRÁCTICO 12

La Mesa del Congreso de los Diputados, en su reunión del 3 de enero de 2019, acordó convocar tres becas de formación práctica sobre estudios económicos relacionados con la actividad del Parlamento.

El período de disfrute de dichas becas es del 1 de enero al 31 de diciembre de 2020 y la cuantía a percibir por los beneficiarios en contraprestación por sus tareas ascenderá a 31.000 euros.

El acuerdo de convocatoria y las bases para la concesión de las becas se publicaron en el Boletín Oficial de las Cortes Generales *de 4 de junio posterior.*

La base Cuarta, apartado 1, de la convocatoria quedó redactada como sigue:

Requisitos de los solicitantes.

1. Podrán solicitar la concesión de esta beca las personas de nacionalidad española que reúnan las siguientes condiciones:

a*) Estar en posesión del título universitario de licenciado en Ciencias Económicas o en Administración y Dirección de Empresas o Graduado en Ciencias Económicas o en Administración y Dirección de Empresas.*

b*) Haber nacido con posterioridad al 1 de enero de 1991.*

c*) En la fecha de finalización del plazo de presentación de solicitudes, no haber disfrutado durante más de seis meses de otra beca de las mismas características en las Cortes Generales (Congreso de los Diputados o Senado).*

El 20 de febrero de 2019, conforme estaba previsto en las bases, el jurado publicó el listado definitivo de candidatos, ordenándolos de acuerdo con las puntuaciones otorgadas a cada uno de ellos según los criterios establecidos en las bases, proponiendo la concesión de las becas a los tres candidatos con mayor puntuación.

El 28 de febrero de 2019 el secretario general del Congreso de los Diputados adjudicó las becas a los tres candidatos propuestos por el Jurado.

El cuarto candidato con mayor puntuación (Miguel), que recibe por correo certificado la notificación de la resolución del secretario general del Congreso de los Diputados el 2 de marzo, al conocer su contenido, busca los perfiles de los adjudicatarios en la red social Linkedin. De acuerdo con la información accesible por esta vía, descubre que uno de los adjudicatarios (Carlos) es doctor en Ciencias Económicas pero que, sin embargo, no dispone de licenciatura ni grado en Ciencias Eco-

nómicas o Administración y Dirección de Empresas, al haber accedido a los estudios de doctorado tras haber superado la licenciatura en Ciencias Actuariales y Financieras.

A la vista de esta información, el 18 de marzo de 2019 Miguel interpuso recurso de alzada ante la mesa del Congreso de los Diputados, alegando que Carlos no reunía el requisito de titulación establecido en la base Cuarta de la convocatoria y que, en consecuencia, debía corregirse la resolución dictada, debiendo corresponderle a él la beca en detrimento de Carlos.

No habiendo recibido respuesta alguna al respecto del recurso de alzada interpuesto, el 4 de junio Miguel se pone en contacto contigo y te formula las siguientes consultas:

ACTIVIDAD 1

Tras exponer las circunstancias del caso, Miguel confirma su interés en agotar las vías de recurso que el ordenamiento jurídico le otorgue a fin de hacer valer su derecho a obtener la beca.

Sin embargo, expresa algunas dudas en relación sobre la viabilidad de continuar con sus acciones contra la resolución del Secretario General del Congreso de los Diputados, a saber:

a) Tratándose de una decisión de un poder público distinto de la Administración, ¿Es impugnable esta decisión ante la Jurisdicción?

b) ¿Ante que órgano jurisdiccional debería tramitarse esa eventual impugnación?

c) ¿Qué tipo de procedimiento sería de aplicación? ¿Cuáles serían sus principales fases?

Redacta un correo electrónico en el que respondas de forma concisa y justificada, aludiendo a los preceptos legales de aplicación, las dudas planteadas por Miguel.

ACTIVIDAD 2

Tras recibir tu correo electrónico, Miguel te solicita las siguientes aclaraciones adicionales:

a) Encontrándose el recurso de alzada presentado el 29 de julio de 2019 pendiente de resolución, ¿es posible impugnar en vía jurisdiccional la resolución del Secretario General del congreso de los Diputados?

b) En su caso, ¿cuál es la fecha límite para la interposición del recurso en vía contencioso-administrativa?

c) Suponiendo que se interpusiera el recurso contencioso-administrativo, ¿qué ocurriría si, con posterioridad, la Mesa del Congreso de los Diputados resolviera el recurso de alzada en sentido estimatorio?

Prepara unas breves notas para poder dar respuesta a Miguel. Haz referencia a los preceptos legales que resulten de aplicación.

ACTIVIDAD 3

Considerando los antecedentes expuestos en el enunciado, identifica los extremos de hecho que consideras relevantes para sostener la pretensión de Miguel y explica el medio o medios de prueba de los que consideras oportuno valerte con la finalidad de demostrar ese extremo. Justifica por qué los consideras suficientes.

ACTIVIDAD 4

Redacta un fundamento jurídico (asumiendo que formaría parte del escrito de demanda) en el que justifiques la disconformidad a Derecho de la resolución adoptada por el Secretario General del Congreso de los Diputados. Cita la jurisprudencia que consideres oportuno en apoyo de la pretensión formulada.

PREGUNTAS TEST

1. Considerando que las bases de la convocatoria no indicaban nada al respecto, ¿cuál era la fecha límite para la interposición del recurso de alzada contra la resolución del Secretario General del Congreso de los Diputados por la que se adjudicaban las becas?

a) 18 de marzo de 2019.
b) 3 de abril de 2019.
c) 4 de abril de 2019.
d) 3 de mayo de 2019.

2. Considerando que las bases de la convocatoria no indicaban nada al respecto, ¿cuál es el plazo del que disponía la Mesa del Congreso de los Diputados para resolver el recurso de alzada interpuesto por Miguel?

a) Quince días.
b) Un mes.
c) Dos meses.
d) Tres meses.

3. ¿Tienen la obligación de relacionarse los solicitantes de las becas con el Congreso de los Diputados por medios electrónicos?

a) Sí, dado que se están relacionando con el Congreso de los Diputados por motivos profesionales.
b) Sí, por exigirlo así el Reglamento del Congreso de los Diputados.
c) No, salvo que anteriormente hayan realizado algún trámite del procedimiento empleando medios electrónicos, en cuyo caso habrían quedado vinculados por esta obligación.
d) No, dado que son personas físicas que no se encuentran en ninguna de las situaciones en que se obliga al uso de medios electrónicos.

4. ¿Cuál es el órgano jurisdiccional competente para conocer de un eventual recurso contencioso-administrativo contra la desestimación del recurso de alzada interpuesto?

a) La Sala de lo Contencioso-administrativo del Tribunal Superior de Justicia de Madrid.
b) El Juzgado Central de lo Contencioso-administrativo.
c) La Sala de lo Contencioso-administrativo de la Audiencia Nacional.
d) La Sala de lo Contencioso-administrativo del Tribunal Supremo.

5. ¿Es necesario que Miguel esté representado por procurador en el procedimiento contencioso-administrativo que se tramite contra la desestimación del recurso de alzada interpuesto?

a) No, al tratarse de una cuestión de personal al servicio de las Administraciones Públicas.
b) Sí, por ser la parte recurrida un órgano constitucional.
c) Sí, dado que el procedimiento se sustanciará ante un órgano jurisdiccional colegiado.
d) Sí, la representación de las partes por procurador es obligatoria en todos los procedimientos contencioso-administrativos.

MATERIALES

— Reglamento del Congreso de los Diputados de 10 de febrero de 1982.

— Ley 38/2003, de 17 de noviembre, General de Subvenciones (LGS).

— Auto del Tribunal Supremo, Sala de lo Contencioso-administrativo, de 29 de julio de 2019.

— Sentencia del Tribunal Supremo, Sala de lo Contencioso-administrativo, de 27 de noviembre de 2009 (recurso n.º 603/2007).

CASO PRÁCTICO 13

El Sr. Esteve tiene reconocido un Grado I, Nivel 2, de dependencia. Mediante la oportuna resolución del Departamento competente de la Generalitat de Cataluña, en el año 2012 se estableció el Programa Individual de Atención (PIA), en el que se determinó que la modalidad de intervención más adecuada para el Sr. Esteve era el servicio de hogar residencia para personas con discapacidad, fijando su participación en el coste del servicio en la cantidad de 180 euros mensuales.

Desde entonces el Sr. Esteve estuvo residiendo en un hogar-residencia de una población de la provincia de Barcelona, aportando el importe de 180 euros mensuales por tal servicio.

Sin que hubiera variado su grado de dependencia ni los servicios que le habían sido asignados, en fecha 15 de diciembre de 2018, la Jefa del Servicio de Atención a las Personas de las Comarcas de Barcelona del Departamento de Trabajo, Asuntos Sociales y Familias de la Generalitat de Cataluña dictó una resolución por la que se revisaba la participación del Sr. Esteve en la financiación de los servicios sociales que tenía otorgados por su situación de dependencia, que pasaba a ser de 1.850 euros mensuales con efectos desde el día 1 de noviembre de 2018.

Tal resolución se fundaba en que el día 1 de noviembre de 2018 se habían iniciado las actuaciones para revisar la capacidad económica del beneficiario y, en aplicación de los criterios contenidos en la Orden BSF/130/2014, de 22 de abril, resultaba que debía satisfacer la cantidad mensual de 1.850 euros en concepto de copago.

Contra la indicada resolución el Sr. Esteve interpuso recurso de alzada, el cual fue desestimado mediante resolución de la Subdirectora General de Atención y Promoción a la Autonomía Personal del Departamento de Trabajo, Asuntos Sociales y Familias de la Generalitat, y contra la desestimación del recurso de alzada se interpuso el correspondiente recurso contencioso-administrativo.

Tras la tramitación del proceso por sus cauces legales, la Sala de lo Contencioso-Administrativo del Tribunal Superior de Justicia de Cataluña dictó Sentencia por la que:

a) *Se estimó íntegramente el recurso contencioso-administrativo y se anularon las resoluciones impugnadas por no ser ajustadas a derecho.*

b) *Se declaró que la aportación del recurrente debía ser de 1.626 euros desde el día 15 de diciembre de 2018 hasta su revisión.*

c) *Se reconoció el derecho de la actora a ser reintegrada por la Administración demandada en la cantidad de 6.752 euros por el exceso en el copago satisfecho.*

d) *No se impusieron las costas a ninguna de las partes.*

ACTIVIDAD 1

El Sr. Esteve, entre otras cuestiones, no estaba de acuerdo con que la residencia le empezara a cobrar el nuevo importe de 1.850 euros desde el 1 de noviembre de 2018, mucho antes de que se dictara la resolución por la que se modificaba su aportación económica a los servicios sociales, y así lo hizo valer en juicio.

Redacta dicho motivo de impugnación tal como debería incluirse en los fundamentos de derecho de la demanda.

ACTIVIDAD 2

Una vez firme la Sentencia y comunicada a la Administración demandada, van pasando los días, pero el Sr. Esteve sigue abonando el recibo de la residencia por el importe mensual de 1.850 euros y sigue sin recibir el exceso de lo pagado anteriormente. El cliente te llama insistentemente preguntando por «su caso».

Explica de forma razonada qué actuaciones podrías llevar a cabo para que se hagan efectivos los derechos de tu cliente y en qué momento se podrían ejercitar.

ACTIVIDAD 3

A finales de diciembre de 2018 acudió a tu despacho Manel, compañero de residencia del Sr. Esteve, que había recibido una resolución prácticamente idéntica a la de éste, con la misma fecha de efectos, en la que únicamente variaba el importe del copago, que en este caso se fijaba en 1.750 euros. Como tampoco estaba de acuerdo con la resolución recibida, por encargo de tu cliente interpusiste recurso de alzada contra la misma, pero en este caso no hubo respuesta de la Administración y tampoco llegaste a interponer el correspondiente recurso contencioso-administrativo porque Manel no estaba dispuesto asumir los gastos del proceso.

Ahora, al enterarse de que el Sr. Esteve ha ganado el juicio, Manel se presenta de nuevo en tu despacho y te pregunta si se puede hacer algún escrito para que se le aplique esa Sentencia y recuperar lo que le han estado cobrando de más. Justifica tu respuesta.

PREGUNTAS TEST

1. El recurso contencioso-administrativo promovido por el Sr. Esteve debió tramitarse:

a) Por el procedimiento abreviado.
b) Por el procedimiento ordinario.
c) Por el procedimiento especial de protección de los derechos fundamentales.
d) Mediante la cuestión de ilegalidad.

2. En el caso de que, tras recibir la Sentencia, la Jefa del Servicio de Atención a las Personas del Departamento competente de la Generalitat dictara una nueva resolución fijando la aportación del Sr. Esteve en la cantidad de 1.775 euros sin haber revisado su capacidad económica ni haber cambiado las condiciones del servicio prestado:

a) El Sr. Esteve deberá interponer recurso de alzada con carácter previo a la vía judicial.
b) La resolución de la Generalitat solo será válida si se declara la inejecución total del fallo.
c) El interesado podrá dirigirse directamente al TSJ de Cataluña para que, en incidente de ejecución de Sentencia, declare la nulidad de pleno derecho de la citada resolución.
d) El interesado podrá instar la revisión de oficio ante la Generalitat.

3. La ejecución de la Sentencia dictada en este procedimiento contencioso-administrativo:

a) Podrá instarse después de transcurridos veinte días desde su firmeza.
b) Podrá solicitarse después de tres meses desde la comunicación de la Sentencia al órgano que hubiere dictado el acto administrativo objeto del recurso.
c) No cabe su ejecución forzosa en vía judicial, puesto que es la propia Administración autora del acto administrativo quien debe llevar la Sentencia a puro y debido efecto.
d) Podrá ser suspendida por causa justificada.

4. ¿Es posible cobrar los intereses de la cantidad objeto de condena desde la fecha de notificación de la Sentencia?

a) No.
b) Sí, excepto cuando sea necesario realizar una modificación presupuestaria.

c) Sí, siempre que el demandante presente la correspondiente liquidación de intereses.

d) Sí. La Administración condenada deberá satisfacerlos junto al principal en todo caso.

5. El pronunciamiento sobre costas de la Sentencia:

a) Es correcto, siempre que el Tribunal haya razonado que el caso presentaba serias dudas de hecho o de derecho.

b) Es correcto, porque en el recurso contencioso-administrativo únicamente es posible la condena en costas a la Administración en caso de mala fe o temeridad.

c) Es incorrecto, porque la Sentencia debe imponer las costas a la parte que haya visto rechazadas todas sus pretensiones, sin excepción.

d) Es incorrecto, porque al haberse estimado íntegramente la demanda, la Sentencia debía haber condenado en costas a la Administración hasta una cifra máxima.

MATERIALES

— Orden BSF/130/2014, de 22 de abril, del Departament de Benestar Social i Família de la Generalitat, por la que se establecen los criterios para determinar la capacidad económica de las personas beneficiarias de las prestaciones de servicios sociales.

— Sentencia del Tribunal Supremo de 19 de enero de 2016, recurso 1429/2014, que cita la doctrina constitucional sobre la ejecución de sentencia.

CASO PRÁCTICO 14

En el año 2007 la Comunidad de Propietarios de C/ Mayor, n.º 50, de Vilaplana de Dalt (Barcelona) dirigió un escrito al Ayuntamiento denunciando la realización de una obra ilegal en el edificio colindante, por entender que se sobrepasaba la altura máxima permitida. El Ayuntamiento de dicho municipio, cuyo único arquitecto en plantilla se encontraba de baja laboral en esas fechas, no llegó a dar trámite alguno a esa denuncia.

Cuando ya habían transcurrido más de seis años desde la terminación de las obras, la Comunidad de Propietarios antes indicada presentó un escrito solicitando el derribo de la tercera planta, pero el Ayuntamiento desestimó tal solicitud por entender que las posibles infracciones urbanísticas habían prescrito.

Siguió pasando el tiempo y, después de varias reuniones de la Comunidad de Propietarios de C/ Mayor, 50, finalmente en el año 2014 se decidió presentar en el Ayuntamiento una reclamación de responsabilidad patrimonial por no haber tramitado el Consistorio la denuncia formulada en su día y haber dejado prescribir la correspondiente infracción urbanística, solicitando una indemnización de 120.000 euros por los daños que la mayor altura del edificio colindante causaba a los vecinos de la Comunidad (menores vistas y soleamiento).

Al no ser resuelta expresamente esta reclamación, la Comunidad de Propietarios interpuso el correspondiente recurso contencioso-administrativo contra la desestimación presunta que, finalmente, dio lugar a la Sentencia del Juzgado de lo Contencioso-Administrativo n.º 20 de Barcelona de 8 de febrero de 2017, por la que, dando la razón al Ayuntamiento demandado, decidió inadmitir el recurso por considerar que la Comunidad de Propietarios actora carecía de legitimación activa por no ostentar un derecho o interés legítimo, de conformidad con el artículo 19 de la LJCA, ya que el daño se individualiza sobre cada propietario y no sobre la comunidad.

ACTIVIDAD 1

Tras recibir la Sentencia, el Secretario del Ayuntamiento se muestra preocupado porque, aunque en el fallo se decide la inadmisión del recurso contencioso-administrativo, en sus fundamentos jurídicos afirma que «es indudable la negligencia de la Administración demandada y el daño causado a los propietarios del edificio colindante, así como la concurrencia del nexo causal, que podría dar lugar a la correspondiente reclamación de responsabilidad patrimonial», aunque, en cambio, no entra en los motivos de oposición de fondo planteados por el Consistorio en su contestación a la demanda, lo que considera que en un futuro les podría perjudicar.

Como asesor externo del Ayuntamiento, el secretario municipal te pregunta si, aunque la Sentencia inadmita el recurso, puede ser recurrida en nombre del Ayuntamiento.

Prepara un breve informe en que expongas razonadamente tu criterio sobre esta cuestión (no hace falta reiterar el relato de los hechos, que se dan por sabidos).

ACTIVIDAD 2

El Ayuntamiento esgrimió en su contestación a la demanda motivos de fondo para negar la relación de causalidad entre la actuación administrativa y el daño causado, así como la propia existencia del daño pretendido, y alegó también la prescripción de la acción, pero, a pesar de ello, el Juzgado se limita a declarar que concurren los requisitos para que proceda la reclamación de responsabilidad patrimonial. ¿Incurre la Sentencia en algún defecto formal por no hacer ninguna mención a los motivos de oposición de la Administración?

¿Crees que la Sentencia debía entrar en el fondo del asunto a pesar de que declaró la inadmisión del recurso contencioso-administrativo por falta de legitimación activa? Justifica tu respuesta.

ACTIVIDAD 3

Imaginemos que la Comunidad de Propietarios hubiera llevado a cabo en tiempo y forma las acciones necesarias para que el Ayuntamiento declarara la restauración de la legalidad urbanística alterada y ordenara el consiguiente derribo de la planta ilegal construida en el edificio colindante y que, tras largos años de litigio, finalmente hubiera obtenido una Sentencia firme que le diera la razón.

En esta hipótesis, adicionalmente, se da la circunstancia de que durante la tramitación del proceso judicial se ha llevado a cabo una modificación del planeamiento urbanístico del municipio en base a la cual, hoy en día, la construcción de la tercera planta del edificio en discusión sería legal.

El Ayuntamiento te plantea cómo habría que actuar en ese caso tras recibir la Sentencia firme que ordena el derribo de la parte del edificio afectada, teniendo en cuenta que con la normativa actual sería legalizable. Justifica tu respuesta.

PREGUNTAS TEST

1. En la demanda del procedimiento contencioso-administrativo antes aludido la Comunidad de Propietarios podía pretender:

a) Que el Juzgado dictara un nuevo acto administrativo que sustituyera al impugnado.
b) Únicamente la anulación del acto impugnado.
c) Además de la anulación del acto presunto impugnado, que se le reconociera una situación jurídica individualizada.
d) Todas las respuestas son incorrectas.

2. La cuestión sobre responsabilidad patrimonial de las Administraciones Públicas planteada por la Comunidad de Propietarios debía tramitarse ante el Juzgado de lo Contencioso-administrativo:

a) Por el procedimiento ordinario.
b) Por el procedimiento abreviado.
c) Por el procedimiento especial de protección de los derechos fundamentales.
d) Por el juicio verbal.

3. Como Abogado del Ayuntamiento, después de la práctica de la prueba, el Juzgado te concede el plazo de quince días para formular conclusiones. ¿Qué sucede si no presentas el escrito en ese plazo?

a) Pierdes el trámite irremediablemente.
b) El órgano judicial te requerirá para que subsanes tu omisión.
c) El órgano judicial te tendrá por desistido del recurso.
d) Podrás presentar tu escrito hasta el mismo día en que el órgano judicial te notifique la resolución por la que acuerde tener por caducado tu derecho.

4. Contra la Sentencia del Juzgado de lo Contencioso-Administrativo n.º 20 de Barcelona cabe:

a) Recurso de apelación ante la Audiencia Provincial de Barcelona.
b) Recurso de apelación ante el Tribunal Superior de Justicia de Cataluña.
c) Recurso de apelación ante el Tribunal Superior de Justicia de Cataluña siempre que el procedimiento de instancia se haya tramitado por el procedimiento abreviado.
d) No cabe recurso.

5. En la Sentencia que se dicte en apelación se impondrán las costas:

a) Al apelante si se desestima totalmente el recurso.
b) Al apelante, tanto si la desestimación es total como parcial.
c) Al apelado si el órgano judicial, razonándolo debidamente, aprecia la concurrencia de circunstancias que lo justifiquen.
d) Cada parte satisfará las suyas y las comunes por mitad.

MATERIALES

— Decreto Legislativo 1/2010, de 3 de agosto, que aprueba el texto refundido de la Ley de Urbanismo de Cataluña.
— Decreto Legislativo 1/2005, de 26 de julio, por el que se aprueba el texto refundido de la Ley de urbanismo de Cataluña.

CASO PRÁCTICO 15

Juan Sánchez es presidente de una asociación en defensa de los derechos civiles. Tras la reunión anual de la asamblea de la asociación, se acordó convocar una manifestación para promover la defensa de los derechos civiles y se encargó al presidente que iniciase los trámites pertinentes ante la Administración.

El día 26 de noviembre de 2019 Juan presentó escrito en la Subdelegación del Gobierno de Granada, en el que comunicó que el día 15 de diciembre de 2019, domingo, se iba a proceder a celebrar la manifestación por las calles del centro de la ciudad de Granada.

El día 29 de noviembre de 2019 la Subdelegación del Gobierno notificó a Juan Sánchez, como representante de la asociación, que ese día 15 de diciembre de 2019 ya había sido comunicada con anterioridad otra manifestación a la misma hora por las mismas calles, y proponía que se celebrase la manifestación el día posterior, día 16 de diciembre de 2019 (lunes).

Juan Sánchez, indignado, considera que la autoridad gubernativa pretende menospreciar a su asociación, al proponer que la manifestación sea un lunes, momento en que considera que tendrá una menor repercusión social y mediática, por lo que acude a un despacho de Abogados a consultar qué puede hacer.

ACTIVIDAD 1

Juan Sánchez acude a tu despacho el día 25 de noviembre de 2019, y te pide que le redactes el escrito que debe presentar ante la Subdelegación del Gobierno de Granada comunicando la manifestación pretendida.

ACTIVIDAD 2

El día 29 de noviembre de 2019 Juan regresa a tu despacho y te pide consejo sobre si recurrir la resolución de la Subdelegación del Gobierno de 29 de noviembre de 2019. Juan está empeñado en que la manifestación se celebre según la comunicación de 26 de noviembre de 2019, sin aceptar ningún cambio. Redacta un breve escrito en el que expongas tu consejo jurídico.

ACTIVIDAD 3

Si decides recurrir la resolución de la Subdelegación del Gobierno, ¿qué órgano será competente y qué recurso se puede interponer? Explica brevemente estas cuestiones, así como los plazos para interponer el recurso y resolverlo.

ACTIVIDAD 4

Responde brevemente a las siguientes:

a) En caso de que se impugne judicialmente la resolución administrativa, señala quiénes serán parte del proceso judicial.

b) ¿Puede el órgano judicial aprobar un itinerario o un horario para la manifestación distinto del propuesto por la Administración o por los convocantes de la manifestación?

PREGUNTAS TEST

1. A los efectos de la Ley Orgánica 9/1983, de 15 de julio, reguladora del derecho de reunión, se entiende por reunión la concurrencia concertada y temporal de:

a) Más de 20 personas, con finalidad determinada.
b) Más de 50 personas, con finalidad determinada.
c) Más de 10 personas, con finalidad determinada.
d) Más de 2 personas, con finalidad determinada.

2. La celebración de reuniones en lugares de tránsito público y de manifestaciones deberán ser comunicadas por escrito a la autoridad gubernativa correspondiente por los organizadores o promotores de aquellas, con una antelación máxima de:

a) Diez días naturales.
b) Diez días hábiles.
c) Treinta días hábiles.
d) Treinta días naturales.

3. En el caso de prohibición o de propuesta de modificación de reuniones previstas en la Ley Orgánica Reguladora del Derecho de Reunión que no sean aceptadas por los promotores, el recurso se interpondrá:

a) Dentro de las cuarenta y ocho horas siguientes a la notificación de la prohibición o modificación.

b) Dentro de las setenta y dos horas siguientes a la notificación de la prohibición o modificación.

c) En el plazo de diez días a contar desde la notificación de la prohibición o modificación.

d) En el plazo de cinco días a contar desde el día siguiente al de la notificación de la prohibición o modificación.

4. Contra la resolución judicial que se dicte en el caso de prohibición o de propuesta de modificación de reuniones previstas en la Ley Orgánica Reguladora del Derecho de Reunión que no sean aceptadas por los promotores:

a) Cabe recurso de amparo.
b) Cabe recurso de reposición.
c) Cabe recurso de casación.
d) Cabe recurso de apelación.

5. Señala la respuesta correcta en relación con el ejercicio del derecho de reunión previsto en el artículo 21 de la Constitución:

a) En ningún caso podrán celebrarse manifestaciones durante la vigencia del estado de alarma.

b) Durante la vigencia del estado de alarma solo podrán celebrarse las manifestaciones que se hubieran comunicado con anterioridad a la declaración de tal estado.

c) El estado de alarma no permite suspender el derecho de reunión y manifestación.

d) Durante la vigencia del estado de alarma la comunicación a la autoridad gubernativa deberá hacerse, en todo caso, con un mínimo de quince días naturales.

MATERIALES

— Ley Orgánica 9/1983, de 15 de julio, reguladora del derecho de reunión.

CASO PRÁCTICO 16

La empresa OBRAS Y PROYECTOS DE INGENIERÍA CIVIL, S.A. presentó el 11 de enero de 2018 una solicitud dirigida al INSTITUTO DE VIVIENDA, INFRAESTRUCTURA Y EQUIPAMIENTO DE LA DEFENSA (INVIED), ante el impago de 425.173,29 euros.

Dicha reclamación se fundamentaba en un posible enriquecimiento injusto de la Administración por las obras realizadas al margen del proyecto del «contrato de obras de rehabilitación y reforma en la colonia militar Julio Ruiz de Alda en San Javier (Murcia)» del que fue adjudicatario, que no fueron abonadas por la Administración.

La representación procesal de la mercantil interpuso el correspondiente recurso ante los Juzgados Centrales de lo Contencioso-Administrativo, el día 16 de abril de 2018, contra la desestimación por silencio administrativo de la reclamación al amparo del artículo 45 de la LJCA.

El Juzgado Central de lo Contencioso-Administrativo n.º 11 al que por turno le correspondía el recurso dictó sentencia el 20 de mayo de 2019 estimando parcialmente la demanda en cuya parte dispositiva declaraba su derecho al cobro de la cantidad de 126.125,09 euros más intereses, que incluía los gastos generales, el beneficio industrial y la baja de licitación excluido el impuesto, en los términos resultantes del informe pericial judicial.

Esta resolución judicial se notificó el 30 de mayo de 2019 a la representación procesal de la recurrente, y el día 3 de junio fue notificada a la Abogacía del Estado.

ACTIVIDAD 1

Miguel Ángel, en calidad de jefe de la Asesoría Jurídica de la sociedad OBRAS Y PROYECTOS DE INGENIERÍA CIVIL, S.A. se pone en contacto contigo por correo electrónico como abogado que ha llevado el pleito, y te plantea una serie de cuestiones, reconociéndote que se encuentra poco versado en la jurisdicción contencioso-administrativa. En particular, te pregunta si la Sentencia es o no recurrible, el órgano judicial competente para presentar el recurso, así como para resolverlo en caso de que no coincidan ambos, y finalmente si la resolución judicial que se dicte puede llegar a perjudicar los intereses de la sociedad.

Responde al correo electrónico de manera clara y sencilla, haciendo especial referencia a las distintas fases del procedimiento de la apelación.

ACTIVIDAD 2

Aunque tu cliente decide finalmente no apelar la sentencia, al cabo de los días recibe una notificación en la que se le emplaza para formalizar oposición a la apelación presentada por la Abogacía del Estado. Por ello, te pregunta por la posibilidad de poder recurrir la Sentencia a pesar de no haberlo hecho en el momento procesal oportuno, así como la posibilidad de poder ejecutar provisionalmente la Sentencia. Define brevemente la estrategia procesal a seguir para satisfacer los intereses de tu cliente.

ACTIVIDAD 3

En relación con la admisibilidad del recurso de apelación, ¿a qué se refiere el artículo 85 de la LJCA cuando dice que el recurso de apelación contra las sentencias es admisible en ambos efectos? Responde a la pregunta de forma razonada.

ACTIVIDAD 4

Ante la premura de presentar el recurso a la mayor brevedad posible, debido a la tardanza de tu cliente en darte las instrucciones precisas para seguir adelante con el mismo por no estar de acuerdo con la valoración del informe pericial judicial, un compañero del despacho te comenta la posibilidad de reproducir, sin más, los mismos argumentos plasmados en la instancia. Responde brevemente sobre las siguientes cuestiones:

1. Si es correcto el planteamiento de tu compañero de despacho, así como las razones que, en su caso, puedan o no avalarlo.
2. Las posibilidades de éxito del recurso de apelación en caso de que el mismo pueda fundamentarse en un error en la valoración de la prueba pericial.

PREGUNTAS TEST

1. ¿Cuál es el último día de plazo que tiene la mercantil recurrente para presentar el recurso de apelación?

a) El día 20 de junio.
b) Hasta las quince horas del día 21 de junio.

c) El día 27 de junio.
d) El día 24 de junio.

2. Contra el Auto de inadmisión del recurso de apelación, cabe recurso de:

a) Casación.
b) Queja.
c) Súplica.
d) No cabrá recurso alguno.

3. En el escrito de interposición del recurso de apelación, ¿se podrá solicitar el recibimiento del pleito a prueba?

a) Siempre que hubieran sido debidamente practicadas en la instancia.
b) En ningún caso se podrá pedir el recibimiento a prueba en apelación.
c) Siempre que hubiesen sido denegadas en primera instancia.
d) Solo podrá solicitarlo la parte apelante.

4. Si de la contestación a la demanda resultaren hechos nuevos a los invocados por el recurrente:

a) Siempre se podrá pedir el recibimiento del pleito a prueba.

b) No se podrá pedir el recibimiento del pleito a prueba hasta la fase de conclusiones.

c) Se podrá pedir el recibimiento del pleito a prueba cuando resulten de trascendencia para la resolución del pleito.

d) El recibimiento el pleito a prueba solo podrá acordarse por diligencia final si es que el Juez lo considera pertinente para la resolución del pleito.

5. En caso de una eventual estimación del recurso de apelación interpuesto por la mercantil recurrente, ¿a quién se le impondrían las costas del recurso de apelación?

a) Cada parte abonará las costas causadas en apelación y las comunes por mitad.

b) A la Abogacía del Estado por el criterio del vencimiento.

c) A ninguna de las dos partes si el órgano judicial, razonándolo debidamente, aprecia la concurrencia de circunstancias que justifiquen su no imposición.

d) Todas las respuestas son falsas.

MATERIALES

— Ley 1/2000, de 7 de enero, de Enjuiciamiento Civil (LEC).

— Ley 9/2017, de 8 de noviembre, de Contratos del Sector Público, por la que se transponen al ordenamiento jurídico español las Directivas del parlamento Europeo y del Consejo 2014/23/UE, 2014/24/UE, de 26 de febrero de 2014.

CASO PRÁCTICO 17

Juan Carlos, es Cabo de tropa y marinería permanente, destinado en la Escuela Naval Militar de Marín (Pontevedra).

De acuerdo con el Real Decreto 944/2001, de 3 de agosto, por el que se aprueba el Reglamento para la determinación de aptitud psicofísica del personal de las Fuerzas Armadas, con fecha 31 de enero de 2019 el Ministerio de Defensa acordó la incoación de un expediente para determinar la existencia de insuficiencia de condiciones psicofísicas de Juan Carlos para el desempeño de sus funciones con base en el acta de la Junta Médico Pericial, de 11 de noviembre de 2018, en la que se dictaminaba que el interesado padecía un «trastorno ansioso depresivo».

Una vez incorporado al expediente el certificado emitido por la Jefatura de Personal de la Armada se constata que, con anterioridad al referido acuerdo de incoación, se le había instruido un procedimiento judicial por delito y un expediente disciplinario por falta muy grave, encontrándose este último paralizado a resultas el procedimiento penal.

En concreto, Juan Carlos se encontraba encausado por el Juez Togado Militar n.º 12 en calidad de investigado por un presunto un delito de tráfico de drogas, como consecuencia del embarque en el buque-escuela de la Armada «Juan Sebastián Elcano» de un paquete que contenía cocaína a su paso por el puerto colombiano de Cartagena de Indias, y que fue descubierto por el Contramaestre del barco en su taquilla.

Como consecuencia de los anteriores hechos, el instructor del expediente acordó la interrupción del plazo de los trámites sucesivos del expediente de insuficiencia de condiciones psicofísicas hasta la finalización del procedimiento penal y, en su caso, del expediente disciplinario, quedando dicha decisión pendiente de confirmación por resolución del Subsecretario de Defensa.

Transcurridos más de seis meses desde la fecha del acuerdo de inicio del expediente sin haberle sido notificada resolución en ningún sentido, Juan Carlos muy preocupado por la situación se pone en contacto con la asociación de militares de tropa y marinería a la que pertenece para que le presten asesoramiento jurídico en orden a que se declare el pase a la situación de retiro, antes de que se resuelva el procedimiento penal y/o el disciplinario que llevaría aparejada la pérdida de la condición de militar.

ACTIVIDAD 1

Por encargo de la asociación de militares con la que mantienes una iguala de servicios profesionales, redacta un informe jurídico sucinto sobre los efectos de una posible prejudicialidad penal durante la tramitación del recurso contencioso-administrativo.

ACTIVIDAD 2

Juan Carlos decide acudir a la vía judicial y te encomienda la llevanza del asunto, interponiendo finalmente el recurso contencioso-administrativo contra la desestimación presunta del Ministerio de Defensa el día 30 de septiembre de 2019. No obstante, con fecha 20 de octubre de 2019, una vez admitida a trámite la demanda presentada, Juan Carlos recibe una notificación del Subsecretario de Defensa en la que se declara la procedencia de confirmar el acuerdo de suspensión del plazo de los trámites sucesivos del expediente adoptado por el instructor del expediente.

Ante esta situación, se te plantean varias alternativas posibles: la primera, desistir del recurso interpuesto e interponer un nuevo recurso contra la resolución expresa, la segunda, ampliar el recurso, y la última, hacer caso omiso a la misma y seguir con la tramitación de este.

Explica la forma correcta de proceder, habida cuenta de la existencia de una resolución expresa desestimatoria que es posterior a la impugnación de una desestimación presunta de la Administración en vía judicial.

ACTIVIDAD 3

En el curso del procedimiento judicial, se acuerda por el órgano judicial la inadmisión de una de las pruebas solicitadas por considerarla inútil. En particular la testifical-pericial de los miembros de la Junta Médico Pericial al constar ya en el expediente administrativo el dictamen emitido por dicho órgano. Contesta brevemente a las siguientes preguntas de forma razonada:

1. ¿Está obligado el Juez a admitir todos los medios de prueba que las partes estimen pertinentes en virtud del derecho a la tutela judicial efectiva?
2. En caso afirmativo, ¿cabe algún recurso contra la resolución inadmisión de las pruebas?

ACTIVIDAD 4

Finalmente, una vez notificada la Sentencia a las partes el Abogado del Estado se da cuenta de que la sentencia no ha dado respuesta a la incompetencia objetiva del Tribunal planteada en la contestación a la demanda. Indica cuál sería el cauce procesal a seguir si efectivamente la sentencia se hubiera dictado por un órgano manifiestamente incompetente.

PREGUNTAS TEST

1. Las controversias que puedan surgir entre los Juzgados y Tribunales del orden contencioso-administrativo y la Administración en el ejercicio de sus atribuciones se denominan:

a) Cuestiones de Competencia, y serán resueltas por el Tribunal Administrativo de Conflictos de Jurisdicción.
b) Cuestiones de Competencia, y serán resueltas por el Tribunal de Conflictos de Competencia.
c) Conflictos de Competencia, y serán resueltas por el Tribunal de Conflictos de Competencia.
d) Conflictos de Competencia, y serán resueltas por el Tribunal de Conflictos de Jurisdicción.

2. El plazo para la ampliación del recurso a otro acto administrativo, disposición o actuación que guarde relación con aquel que fue objeto de tramitación, de acuerdo con el artículo 36 de la Ley 29/1998, es de:

a) Treinta días, teniendo por caducado el recurso respecto del cual no se hubiera ampliado.
b) Dos meses, de acuerdo con el plazo general establecido en el artículo 46 de LJCA.
c) Veinte días, igual que para formalizar demanda.
d) Se podrá solicitar en cualquier momento anterior a la sentencia.

3. El recibimiento del pleito a prueba en el proceso contencioso-administrativo, ¿corresponde acordarlo al Juez de oficio?

a) No, solo a instancia del demandante y del demandado por medio de otrosí.
b) Solo en el procedimiento para la protección de derechos fundamentales.
c) Exclusivamente cuando intervenga el Ministerio Fiscal.
d) Siempre que lo estime pertinente para la más acertada decisión del asunto.

4. En el trámite de conclusiones las partes demandante y demandada:

a) Podrán plantear todas aquellas cuestiones que no hayan sido suscitadas en los escritos de demanda o contestación.

b) No podrán plantear cuestiones nuevas salvo que se trate de motivos relevantes para el fallo.

c) No podrán plantear cuestiones que no hayan sido suscitadas en los escritos de demanda y contestación.

d) podrán plantear todos aquellos motivos que sean relevantes para el fallo siempre que sea advertido expresamente.

5. Las omisiones o defectos de las sentencias y autos podrán ser subsanados a instancia de:

a) Aquellas partes que hubieran sido perjudicadas por el contenido del fallo.

b) Todas las partes procesales sean o no beneficiadas por el fallo, pero no podrá acordarse por el Juez o Tribunal de oficio.

c) Cualquiera de las partes, previo planteamiento del Letrado de la Administración de Justicia mediante Diligencia de Ordenación.

d) Cualquiera de las partes, y también podrá el Juez o Tribunal proceder de oficio a subsanar o completarlos.

MATERIALES

— Ley 1/2000, de 7 de enero, de Enjuiciamiento Civil (LEC).
— Ley 39/2007, de 19 de noviembre, de la carrera militar.

CASO PRÁCTICO 18

Se aprueba un nuevo Plan General de Ordenación Municipal para un municipio de Galicia. Entre las determinaciones del instrumento de planeamiento recientemente aprobado, se encuentra un grupo de reglas orientadas a impulsar el traslado de determinadas instalaciones de almacenamiento de productos petrolíferos existentes y que están ubicadas junto a la trama urbana. Con esa finalidad, se impone una serie de limitaciones a la posibilidad de autorizar obras de ampliación, renovación, sustitución y mejora en la planta existente.

La empresa titular de una instalación de almacenamiento de productos petrolíferos afectada por las determinaciones anteriormente reseñadas impugna el acuerdo de aprobación definitiva del Plan General de Ordenación Municipal. Entre otros argumentos, la pretensión impugnatoria se apoya en la nulidad del plan motivada por la ausencia en el expediente de tramitación de solicitud de informe al departamento ministerial con competencias en materia de energía.

*El Tribunal Superior de Justicia dicta sentencia estimatoria del recurso. Razona esta decisión interpretando el artículo 60.8 de la Ley 2/2016, de 10 de febrero, del suelo de Galicia, que establece que «*el ayuntamiento habrá de solicitar, en el momento que corresponda, los demás informes sectoriales que resultasen preceptivos, de conformidad con la legislación vigente*» durante la tramitación de los instrumentos de planeamiento, en conexión con lo previsto en el artículo 4.2 de la Ley 34/1998, de 7 de octubre, del sector de hidrocarburos, que atribuye al Gobierno de España «*la planificación en materia de hidrocarburos*».*

ACTIVIDAD 1

Notificada la sentencia, la empresa titular de la instalación acude a tu despacho y te pide que le informes sobre las vías de impugnación de las que dispone la Administración para impugnar la sentencia y, en particular, al respecto de los plazos para interponer la impugnación y las formalidades exigidas para su presentación.

ACTIVIDAD 2

Como continuación a la anterior consulta, se te solicita que especifiques qué órgano u órganos serían competentes para conocer de la impugnación de la sentencia, justificando tu respuesta.

ACTIVIDAD 3

La empresa también está interesada en conocer si el recurso que pueda presentarse por parte de la Administración contra la sentencia es de admisibilidad automática (asumiendo que se cumplan las formalidades previstas en la normativa) o si, por el contrario, su tramitación está condicionada a un trámite de admisión previo.

ACTIVIDAD 4

Por último, la empresa te formula las siguientes preguntas, que debes responder de forma breve: (i) si el eventual recurso que pueda presentar la Administración contra la sentencia puede sustentarse en cuestiones de hecho, de derecho, o de ambas naturalezas, que no hayan sido apreciadas debidamente por el Tribunal Superior de Justicia; y (ii) en qué podría consistir la pretensión impugnatoria que se formule.

PREGUNTAS TEST

1. ¿Son susceptibles de impugnación mediante recurso de casación las sentencias dictadas por los Juzgados de lo Contencioso-administrativo?

a) No, contra las sentencias de los Juzgados de lo Contencioso-administrativo cabe, en todo caso, recurso de apelación.

b) Sí, si bien debe justificarse debidamente la indebida aplicación del Derecho estatal o del Derecho de la UE.

c) Sí, si han sido dictadas en única instancia y se justifica que contengan doctrina que se reputa gravemente dañosa para los intereses generales.

d) Sí, si han sido dictadas en única instancia y se justifica que contengan doctrina que se reputa gravemente dañosa para los intereses generales y sean susceptibles de extensión de efectos.

2. Las sentencias dictadas por las Salas de lo Contencioso-administrativo de los Tribunales Superiores de Justicia solo serán recurribles ante la Sala de lo Contencioso-administrativo del Tribunal Supremo:

a) Si el recurso pretende fundarse en infracción de normas de Derecho estatal o de la Unión Europea que sea relevante y determinante del fallo impugnado.

b) Si el recurso pretende fundarse en infracción de normas de Derecho estatal o de la Unión Europea que sea relevante y determinante del fallo impugnado, siempre que hubieran sido invocadas oportunamente en el proceso o consideradas por la Sala sentenciadora.

c) Si el recurso pretende fundarse en infracción de normas de Derecho estatal o de la Unión Europea que sea relevante y determinante del fallo impugnado, con independencia de que hubieran sido invocadas oportunamente en el proceso o consideradas por la Sala sentenciadora.

d) Si el recurso pretende fundarse en infracción de normas de Derecho estatal o de la Unión Europea, siempre que hubieran sido invocadas oportunamente en el proceso.

3. Podrá ser admitido a trámite un recurso de casación:

a) Cuando se apoye en una concreta infracción del ordenamiento jurídico, tanto procesal como sustantiva, o de la jurisprudencia, y la Sala de instancia estime que el recurso presenta interés casacional objetivo para la formación de jurisprudencia.

b) Cuando, invocada una concreta infracción sustantiva del ordenamiento jurídico, la Sala de Gobierno del Tribunal Supremo estime que el recurso presenta interés casacional objetivo para la formación de jurisprudencia.

c) Cuando, invocada una concreta infracción del ordenamiento jurídico, tanto procesal como sustantiva, o de la jurisprudencia, la Sala de lo Contencioso-Administrativo del Tribunal Supremo estime que el recurso presenta interés casacional objetivo para la formación de jurisprudencia.

d) Cuando, invocada una concreta infracción del ordenamiento jurídico, tanto procesal como sustantiva, o de la jurisprudencia, el Consejo General del Poder Judicial estime que el recurso presenta interés casacional objetivo para la formación de jurisprudencia.

4. ¿Cabe interponer recurso ante el Tribunal Supremo contra las providencias y los autos de admisión o inadmisión del recurso de casación Contencioso-administrativo?

a) No cabe recurso alguno.
b) Sí, recurso de súplica.
c) Sí, recurso de reposición.
d) Sí, recurso de queja.

5. ¿Cuál es el plazo máximo para preparar el recurso de casación ante la Sala de instancia?

a) Treinta días, contados desde el de la notificación de la resolución que se recurre.

b) Treinta días, contados desde el siguiente al de la notificación de la resolución que se recurre.

c) Un mes desde el día de la notificación de la resolución que se recurre.

d) Un mes desde el día siguiente al de la notificación de la resolución que se recurre.

MATERIALES

— Ley 2/2016, de 10 de febrero, del suelo de Galicia Ley 34/1998, de 7 de octubre, del sector de hidrocarburos.

3. SOLUCIONES ORIENTATIVAS

CASO PRÁCTICO 1

ACTIVIDAD 1

La responsabilidad de la Administración Pública, en este caso de la Administración sanitaria, se encuentra regulada en la Constitución española de forma genérica en el artículo 9.3 de que hace referencia a «la responsabilidad de los poderes públicos», y más específicamente en el artículo 106.2 que regula el derecho de los particulares, en los términos establecidos por la ley, «a ser indemnizados por toda lesión que sufran en cualquiera de sus bienes y derechos, salvo en los casos de fuerza mayor, siempre que la lesión sea consecuencia del funcionamiento de los servicios públicos».

El mandato constitucional ha sido objeto de desarrollo legislativo por las leyes 39 y 40 de 2015, y para que exista responsabilidad patrimonial de las Administraciones Públicas es necesario que concurran los siguientes elementos o requisitos: 1) hecho imputable a la Administración, 2) lesión o perjuicio antijurídico, efectivo, económicamente evaluable e individualizado en relación a una persona o grupo de personas, 3) relación de causalidad entre hecho y lesión, y 4) que no concurra causa de fuerza mayor.

La responsabilidad patrimonial en el ámbito de la Administración sanitaria presenta determinadas particularidades, que especialmente son relativas, por un lado, a la relación de causalidad y, por otro lado, la exigencia de concurrencia de infracción de la *lex artis*, además de las especialidades propias del consentimiento informado.

En este caso concreto, hay motivos fundados para presentar una reclamación por responsabilidad patrimonial de la Administración sanitaria, ya que hubo un retraso en el diagnóstico y tratamiento de una apendicitis aguda, que ocasionó innecesarios padecimientos.

Hay datos objetivos que ponen de manifiesto una mala praxis en la asistencia sanitaria. Así, hay un retraso en el diagnóstico de la enfermedad, por la no utilización de los medios diagnósticos adecuados, medios diagnósticos cuya utilización se imponía a la vista de los síntomas que presentaba Isabel, que eran propios y característicos de una apendicitis.

Era exigible, al menos, la práctica de otras pruebas diagnósticas, que no se hicieron en ninguna de las tres primeras visitas a un centro de salud, y que solo se hicieron transcurridos cuatro días desde la primera visita, y ello en un momento en que la apendicitis había alcanzado su última y más grave fase, con el consiguiente riesgo para la vida de Isabel.

Cabe, por tanto, obtener una reparación por el funcionamiento anormal de los servicios públicos sanitarios, por la existencia de mala praxis por el incumplimiento de la obligación de medios de diagnóstico que se encontraban al alcance de los facultativos, lo cual implica la infracción de la *lex artis ad hoc*, con la consecuencia de considerar antijurídico el daño sufrido por Isabel.

En este caso concreto, la falta de firma del consentimiento informado a que se refiere la Ley 41/2002, de 14 de noviembre, básica reguladora de la autonomía del paciente y de derechos y obligaciones en materia de información y documentación clínica, no hace surgir el derecho a indemnización, y no resulta relevante a estos efectos. Y ello porque, por un lado, la operación salió bien, y no de todo incumplimiento del consentimiento informado se deriva responsabilidad pues se requiere que se haya ocasionado un resultado lesivo; y, por otro lado, porque el artículo 9.2.*c*) de la Ley 41/2002 permite la realización de intervenciones sin firma del consentimiento informado cuando existe riesgo inmediato grave para la integridad física o psíquica del enfermo y no es posible conseguir su autorización, consultando, cuando las circunstancias lo permitan, a sus familiares o a las personas vinculadas de hecho a él, cosa que consta que sucedió, pues había riesgo vital para la paciente y se mantuvo una conversación con sus padres.

La reclamación debería presentarse dentro del plazo de un año de producido el hecho o el acto que motive la indemnización o se manifieste su efecto lesivo, y, al tratarse de lesiones físicas y psíquicas, empezará a computarse desde la curación o la determinación del alcance de las secuelas (art. 67.1 de la LPAC).

La reclamación podrá presentarla la propia Isabel, tanto si ya ha alcanzado la mayoría de edad cuando presenta la reclamación, como si persiste su minoría de edad, puesto que el artículo 3 de la LPAC reconoce la capacidad de obrar de los menores de edad «para el ejercicio y defensa de aquellos de sus derechos e intereses cuya actuación esté permitida por el ordenamiento jurídico sin la asistencia de la persona que ejerza la patria potestad, tutela o curatela». Igualmente, los padres, acreditando su relación paterno filial (si es menor), podrán actuar en representación de la hija.

El escrito de reclamación deberá presentarse ante el Servicio Andaluz de Salud, y, además de lo previsto en el artículo 66 (nombre, apellidos, domicilio para notificaciones, lugar, fecha y firma), en la solicitud que realicen los interesados se deberán especificar las lesiones producidas, la presunta relación de causalidad entre éstas y el funcionamiento del servicio público, la evaluación económica de la responsabilidad patrimonial, si fuera posible, y el momento en que la lesión efectivamente se produjo, e irá acompañada de cuantas alegaciones, documentos e informaciones se estimen oportunos y de la proposición de prueba, concretando los medios de que pretenda valerse el reclamante (art. 67 de la LPAC).

ACTIVIDAD 2

Como antes se ha expuesto, la responsabilidad de la Administración sanitaria participa de las notas generales de la responsabilidad patrimonial de la Administración pública, pero tiene unas características especiales.

La doctrina de «la pérdida de oportunidad» ha sido acogida en la jurisprudencia de la Sala 3.ª del Tribunal Supremo configurándose como una figura alternativa a la quiebra de la *lex artis* que permite una respuesta indemnizatoria en los casos en que tal quiebra no se ha producido y, no obstante, concurre un daño antijurídico consecuencia del funcionamiento del servicio.

La denominada «pérdida de oportunidad» se caracteriza por la incertidumbre acerca de que la actuación médica omitida pudiera haber evitado o mejorado el deficiente estado de salud del paciente, con la consecuente entrada en juego a la hora de valorar el daño así causado de dos elementos o sumandos de difícil concreción, como son el grado de probabilidad de que dicha actuación hubiera producido el efecto beneficioso, y el grado, entidad o alcance de este mismo (SSTS de 19 de octubre de 2011 y 22 de mayo de 2012).

Sin embargo, en estos casos, el daño no es el material correspondiente al hecho acaecido, sino la incertidumbre en torno a la secuencia que hubieran tomado los hechos de haberse seguido en el funcionamiento del servicio otros parámetros de actuación, en suma, la posibilidad de que las circunstancias concurrentes hubieran acaecido de otra manera. En la pérdida de oportunidad hay, así pues, una cierta pérdida de una alternativa de tratamiento, pérdida que se asemeja en cierto modo al daño moral y que es el concepto indemnizable. En definitiva, es posible afirmar que la actuación médica privó al paciente de determinadas expectativas de curación, que deben ser indemnizadas, pero reduciendo el montante de la indemnización en razón de la probabilidad de que el daño se hubiera producido, igualmente, de haberse actuado diligentemente (STS de 20 de marzo de 2018).

En definitiva, la doctrina de la pérdida de oportunidad existe en aquellos supuestos en los que es dudosa la existencia de nexo causal o concurre una evidente incertidumbre sobre la misma. Se trata de una regla de imputación causal alternativa a la tradicional resultante de las cláusulas generales de responsabilidad («un régimen especial de imputación probabilística», Sentencia de 16 de enero de 2012).

Esta doctrina es aplicada en ocasiones, por ejemplo, a pacientes oncológicos, a los que se les diagnostica con retraso un determinado cáncer agresivo, pese a haber acudido a los servicios médicos con frecuencia, y respecto de los que queda la duda de si ese retraso en el diagnóstico y posterior tratamiento podría haber dado como resultado la evitación del fatal resultado de muerte.

En esta actividad referida a Isabel, es cierto que hay un retraso en el diagnóstico, pero (aunque sería defendible que ha habido una pérdida de oportunidad), en puridad no resulta de aplicación esta doctrina, por cuanto que hubo un tratamiento (intervención quirúrgica) que curó la patología de Isabel (apendicitis), y más propiamente, como antes se expuso (Actividad 1), hubo una mala praxis.

ACTIVIDAD 3

La LEC enumera en su artículo 299 los medios de prueba de que se podrá hacer uso en juicio, que son: interrogatorio de las partes, documentos públicos, documentos privados, dictamen de peritos, reconocimiento judicial, e interrogatorio de testigos.

También se admiten (art. 299.2 de la LEC) los medios de reproducción de la palabra, el sonido y la imagen, así como los instrumentos que permiten archivar y conocer o reproducir palabras, datos, cifras y operaciones matemáticas llevadas a cabo con fines contables o de otra clase, relevantes para el proceso.

Estos son los medios de prueba que existen, tanto en el ámbito administrativo como en el judicial, aunque la enumeración la realice una ley procesal. El artículo 77.1 de la LPAC, de hecho, establece que «Los hechos relevantes para la decisión de un procedimiento podrán acreditarse por cualquier medio de prueba admisible en Derecho, cuya valoración se realizará de acuerdo con los criterios establecidos en la Ley 1/2000, de 7 de enero, de Enjuiciamiento Civil».

En la presente práctica, y dentro de la previa vía administrativa, una vez presentada la reclamación ante el SAS, se conformaría un expediente administrativo al que se incorporaría el historial médico de Isabel, así como un informe del SAS sobre los hechos.

Con la reclamación se podría presentar un dictamen médico de un profesional sanitario que expusiera su parecer técnico sobre si se ha producido algún tipo de negligencia médica en atención a los protocolos médicos, pruebas diagnósticas que debieron haberse realizado en función de los síntomas, y la facilidad de detección de una patología como apendicitis. El coste de estos informes periciales en ocasiones es elevado, lo que aconseja que solo se aporten estos dictámenes cuando se reclamen cantidades elevadas, no para pequeñas cuantías, pues en tales casos podría llegar a ser más elevado el coste de la pericial que el importe que podría obtenerse de indemnización.

La aportación de ese dictamen en vía administrativa supondría su incorporación al expediente administrativo, y ello permitiría su utilización en el proceso judicial sin necesidad de aportar otro nuevo.

La prueba testifical en estos casos tiene escasa utilidad, puesto que en la historia clínica ya consta la fecha en que Isabel acudió a urgencias, y por tanto las testificales tienen poca eficacia probatoria, ya que las cuestiones de hecho que pueden acreditar los testigos suelen estar probadas por otros medios más fidedignos.

En vía judicial, en ocasiones, y en función de la postura mantenida por la Administración demandada, puede resultar de utilidad solicitar una pericial judicial, a emitir por un perito designado judicialmente. Si se goza del derecho de asistencia jurídica gratuita las periciales están cubiertas por tal derecho, por lo que no es necesario abonar ninguna cantidad.

Muy importante resulta proponer la prueba en el momento procesal adecuado, pues lo contrario supondrá la preclusión del derecho a proponer y practicar prueba. En el proceso contencioso ordinario la prueba debe proponerse con la demanda (art. 60.1 de la LJCA).

ACTIVIDAD 4

El importe a reclamar depende de los conceptos por los que se reclame.

Cabe considerar que solo ha habido un daño moral, derivado del retraso en el diagnóstico, del padecimiento innecesario soportado durante unos días, así como del riesgo vital y una operación que tuvo complicaciones por lo avanzado de la enfermedad. En este caso el importe de la indemnización será menor. La valoración del daño moral conlleva un «inevitable subjetivismo», como ha señalado la jurisprudencia.

La valoración del daño moral ofrece la complejidad de su afección a la esfera íntima de la persona para la que no existen criterios concretos por estar basados necesariamente en un relativo grado de subjetivismo en quien lo padece. Se suma a ello que la variedad de supuestos que puede ofrecer este daño moral es variada y compleja.

En este caso concreto, cabría una indemnización, por daño moral, de entre 3.000 y 15.000 euros, cantidad que se señala en atención a casos similares resueltos por la jurisprudencia.

Si además del daño moral se considera que ha habido una mala praxis médica, entonces la indemnización podría ser mayor. Y ello porque, a la cantidad a reclamar por el daño moral, habría que añadir los días de hospitalización que fueran debidos a la tardanza en el diagnóstico, y que supusieron una evolución tórpida.

No serían indemnizables aquellos daños derivados directamente de la propia apendicitis de Isabel, porque tales daños no son antijurídicos, sino que Isabel tenía la obligación de soportarlos, ya que, con independencia del diagnóstico tardío, Isabel tenía la enfermedad y, aun diagnosticada con retraso, hubiera tenido una cicatriz, y habría necesitado una intervención quirúrgica.

Ahora bien, si se prueba que el retraso en el diagnóstico adecuado obedece a una mala praxis, y que ese retraso diagnóstico es la causa de una hospitalización mayor a la que es habitual en esta intervención quirúrgica (apendicectomía), entonces tales daños sí podrán ser reclamados.

Aunque no es vinculante, es habitual que los Tribunales utilicen con carácter orientativo el conocido como «baremo de tráfico». Así lo dispone la LRJSP, en el artículo 34.2 *in fine* cuando señala que en los casos de muerte o lesiones corporales se podrá tomar como referencia «la valoración incluida en los baremos de la normativa vigente en materia de Seguros obligatorios y de la Seguridad Social».

La Tabla número 3 del citado baremo (cada año se publica una resolución que actualiza las cuantías, en 2019 se publicó en el *BOE* el día 4 de abril de 2019) distingue, dentro de la «indemnización por lesiones temporales», entre:

1) «perjuicio personal básico», que se indemniza con 31,05 euros por día en 2019,

2) «perjuicio personal particular» por pérdida de calidad de vida, que se indemniza con 53,81, 77,61 o 103,48 euros en 2018 según que sea moderado, grave o muy grave.

El citado baremo establece una cantidad por intervención quirúrgica (de 413,93 a 1.655,73 euros en 2019), pero en este caso no procede ninguna cantidad por la intervención, porque, como se ha señalado, la intervención tenía que producirse igualmente como consecuencia de la patología de Isabel, y el retraso diagnóstico no afecta al hecho cierto de que la intervención tenía que haberse realizado igualmente.

En este caso concreto, por tanto, además de la cantidad que se reclame por daño moral, cabría solicitar una cantidad por la hospitalización excesiva. Lo habitual es que una operación de este tipo precise uno o dos días máximo de hospitalización, por lo que como Isabel estuvo tres meses (90 días) hospitalizada, se podría reclamar por 88 días de hospitalización, que se consideran como «perjuicio personal particular grave». Si multiplicamos 88 días por 77,61 euros, supondría un total de 6.829,68 euros, cantidad a la que se podría sumar el importe antes señalado por daño moral.

Hay que tener en cuenta que se aplica siempre el baremo del año en que se alcanza la sanidad, no el del año en que se reclama, ni el del año en que se produjo el inicio de la causa por la que se reclama.

SOLUCIONES A LAS PREGUNTAS TEST DEL CASO PRÁCTICO 1

1	2	3	4	5
a	a	d	b	d

PARA SABER MÁS...

GALLARDO CASTILLO, María Jesús: «De nuevo sobre el concepto de *lex artis*: especial referencia a la doctrina de la pérdida de oportunidad y el daño desproporcionado o culpa virtual», *Actualidad administrativa*, n.º 18, 2009.

— «Causalidad probabilística, incertidumbre causal y responsabilidad sanitaria: la doctrina de la pérdida de oportunidad», *Revista Aragonesa de Administración Pública*, n.º 45-46, 2015, pp. 35-66.

GRAU GRAU, Ignacio: *La responsabilidad patrimonial sanitaria: aspectos procesales*, Editorial Bosch, 2017.

CASO PRÁCTICO 2

ACTIVIDAD 1

Estimados Señores:

A la vista de los antecedentes del caso, entendemos que la notificación cursada por el Ayuntamiento es errónea, por cuanto va dirigida a América One Group, S.A., en vez de a América One Digital, S.A., que es la titular de la actividad a la que se refiere su contenido y, en consecuencia, la que debería haber sido la destinataria.

En efecto, el artículo 40.1 de la Ley 39/2015, de 1 de octubre, del Procedimiento Administrativo Común de las Administraciones Públicas establece claramente que las resoluciones y actos administrativos han de ser notificados a los interesados cuyos derechos e intereses sean afectados por aquellos.

En este caso, podemos descartar que opere el supuesto previsto en el artículo 42.2 de la mencionada Ley y que permite que se tenga por practicada la notificación cuando, dirigida a su domicilio y no hallándose presente, se haga cargo de la misma cualquier persona mayor de catorce años que se encuentre en el domicilio y haga constar su identidad, pues incluso en ese caso América One Digital, S.A. no tenía forma de conocer que, efectivamente, esa notificación iba dirigida a ella.

En todo caso, cabría recomendar que América One Digital, S.A. verificara la sede electrónica del Ayuntamiento de Valencia a fin de comprobar si consta en la misma y dirigida a su nombre la notificación, dado que el artículo 42.1 de la Ley de repetida referencia establece que «todas las notificaciones que se practiquen en papel deberán ser puestas a disposición del interesado en la sede electrónica de la Administración u Organismo actuante para que pueda acceder al contenido de las mismas de forma voluntaria».

Esperamos que esta información sea de su utilidad. No duden en ponerse en contacto con nosotros para cualquier aclaración que consideren necesaria.

Un saludo.

ACTIVIDAD 2

Asunto: Posibilidad de impugnación de resolución de orden de cese de actividad

La orden de cese que se ha notificado a América One Group, S.A., debe ser reputada como acto nulo de pleno derecho, por ser su contenido imposible, dado que América One Group, S.A. no es la titular de la actividad a la que se refiere.

En apoyo de esta tesis puede citarse la STSJ Cataluña 245/2014, de 30 de abril, en la que se afirma que los «*actos nulos por tener un contenido imposible son, por tanto, los que resultan inadecuados, en forma total y originaria, a la realidad física sobre la que recaen, y también los que encierran una contradicción interna en sus términos (imposibilidad lógica) por oponerse a las leyes físicas inexorables o a lo que racionalmente se considera insuperable*».

Una vez sentada la posible nulidad de la orden de cese, desde el punto de vista de su contenido, corresponde analizarla desde el punto de vista procedimental, en especial, teniendo en cuenta que la notificación recibida no incluye pie de recurso alguno.

De acuerdo con lo previsto en el artículo 112.1 de la Ley 39/2015, de 1 de octubre, del Procedimiento Administrativo Común de las Administraciones Públicas:

> «*Contra las resoluciones y los actos de trámite, si estos últimos deciden directa o indirectamente el fondo del asunto, determinan la imposibilidad de continuar el procedimiento, producen indefensión o perjuicio irreparable a derechos e intereses legítimos, podrán interponerse por los interesados los recursos de alzada y potestativo de reposición, que cabrá fundar en cualquiera de los motivos de nulidad o anulabilidad previstos en los artículos 47 y 48 de esta Ley*».

La orden de cese, entendida como una «*decisión atribuible a una administración pública ya sea resolutoria o de trámite, declarativa, ejecutiva, consultiva, certificante, presunta, o de cualquier otra clase, cuando ha sido adoptada en ejercicio de una potestad administrativa*», es un acto administrativo y que, además, decide directa o indirectamente el procedimiento de restauración de la legalidad incoado, por cuanto impone los efectos de la resolución de un procedimiento de esa naturaleza (el cese de la actividad), prejuzgando la ilegalidad de la misma y la imposibilidad de legalizarla.

Cabe, por tanto, interponer recurso en vía administrativa contra la orden de cese notificada.

ACTIVIDAD 3

Conforme a lo previsto en el artículo 4.1.*b*) de la LPAC, de 1 de octubre, del Procedimiento Administrativo Común de las Administraciones Públicas se consideran interesando en el procedimiento «*los que, sin haber iniciado el procedimiento, tengan derechos que puedan resultar afectados por la decisión que en el mismo se adopte*».

Es claro que el procedimiento de restauración de la legalidad incoado puede afectar los derechos e intereses legítimos de América One Digital, S.A., dado que se está poniendo en tela de juicio que su actividad disponga de la debida cobertura jurídica (así puede entenderse que se haya notificado la incoación de un procedimiento de restauración de la legalidad urbanística en relación con la actividad de la que efectivamente es titular, sin perjuicio del error en la identificación del titular de la misma).

Por ello, sin perjuicio de que no haya sido formalmente notificada, existen argumentos suficientes para considerarla a América One Digital, S.A. como interesada en el procedimiento.

ACTIVIDAD 4

[...]. NULIDAD DEL ACUERDO DE INCOACIÓN DE EXPEDIENTE SANCIONADOR

La incoación de este procedimiento sancionador es nula de pleno derecho y, en consecuencia, procede el archivo inmediato del procedimiento.

La infracción que se imputa a mi representada, consistente en «*ejercer la actividad de oficinas sin disponer del debido título habilitante*» no ha tenido lugar y, más aún, ha sido atribuida a América One Group, S.A. sobre la base de un error manifiesto.

Los hechos considerados como relevantes por el Ayuntamiento para motivar la incoación del procedimiento sancionador se basan en la asunción de que la sociedad notificada desarrolla la mencionada actividad de oficina en el emplazamiento de referencia sin disponer del debido título habilitante.

Al ser esa asunción errónea, no concurre en el presente caso el requisito de tipicidad, por lo que debe descartarse cualquier posibilidad de que pueda deducirse consecuencia sancionadora alguna contra América One Group, S.A.

Como ha declarado de forma reiterada la jurisprudencia de nuestros tribunales, el principio de tipicidad comporta una garantía material que impone una previa determinación normativa de los ilícitos administrativos que exige una predeterminación normativa de las conductas constitutivas de infracciones administrativas y que desempeña una función de garantía mediante la cual se tiene una predicción razonable de la conducta ilícita y de las consecuencias jurídicas que lleva aparejada la comisión de dicha conducta. Véase, por todas, la STS 7079/2011, de 4 de noviembre.

Se ha atribuido erróneamente la omisión de la conducta infractora a mi representada, y se ha procedido de forma arbitraria, por lo que no concurre en el presente caso, siquiera indiciariamente, la nota de tipicidad que es el presupuesto más esencial para la incoación y tramitación de un procedimiento sancionador.

Nótese, adicionalmente, que el objeto de este procedimiento sancionador está directamente vinculado a un orden de cese de la actividad desarrollada en esta ubicación, dirigida también a mi representada, que constituye un acto de contenido imposible, en el sentido definido en el artículo 47.1.*c*) de la Ley 39/2015, de 1 de octubre, del Procedimiento Administrativo Común de las Administraciones Públicas, por lo que procede que sea reputada nula, igual que el acuerdo de incoación del expediente sancionador.

Es pertinente recordar la jurisprudencia de nuestros tribunales que ha negado la virtualidad de deducir consecuencias jurídicas de aquellos actos cuyo cumplimiento resulta imposible por carecer de toda base real la motivación en la que se apoyan. Véase, en este sentido, la STSJ Cataluña 245/2014, de 30 de abril, en la que se afirma que los «*actos nulos por tener un contenido imposible son, por tanto, los que resultan inadecuados, en forma total y originaria, a la realidad física sobre la que recaen, y también los que encierran una contradicción interna en sus términos (imposibilidad lógica) por oponerse a las leyes físicas inexorables o a lo que racionalmente se considera insuperable*».

En atención a lo anterior, procede que se estime la presente alegación y se decrete el archivo inmediato del procedimiento sancionador incoado.

SOLUCIONES A LAS PREGUNTAS TEST DEL CASO PRÁCTICO 2

1	2	3	4	5
d	d	b	b	b

PARA SABER MÁS…

Solar Jimeno, N.: «El nuevo régimen de las notificaciones en la Ley 39/2015», *Revista da Asesoria Xuridica Xeral*, n.º 7- 2017, pp. 120-134.

Fondevila Antolín, Jorge: «Una aproximación al nuevo régimen jurídico de las Notificaciones Administrativas en la Ley 39/2015 LPACAP», *Actualidad Administrativa*, n.º 2, 2016.

Cubero Marcos, José Ignacio: «¿Son válidas las notificaciones practicadas mediante correo electrónico?», *Revista de administración pública*, n.º 204, 2017, pp. 133-163.

CASO PRÁCTICO 3

ACTIVIDAD 1

Querido director,

Paso a referirle el caso que nos ha planteado el señor Pandelbueno, a quién atendí ayer por encargo suyo y que me trasladó la problemática que Ud. ya conoce. El señor Pandelbueno ha sufrido unos daños en su negocio y considera que son atribuibles al Ayuntamiento de Las Industrias de Arriba, por lo que quiere reclamarlos al consistorio.

De acuerdo con el relato del señor Pandelbueno, a causa del funcionamiento extensivo de la planta de reciclaje municipal durante los meses de julio y agosto, que produce ruidos más allá del horario previsto por la Ordenanza municipal sobre actividad industrial y comercial, ha padecido pérdidas económicas en la panadería que regenta, derivadas de la carencia de sueño que los ruidos le provocan, que ha tenido consecuencias en su capacidad de concentración y en el retraso al llegar a su panadería. Las pérdidas están vinculadas al hecho que en varias ocasiones no ha podido elaborar el pan del día, bien porque se ha despertado demasiado tarde, bien porque la falta de concentración consecuencia del cansancio le ha hecho cometer errores al amasar. Los daños se han producido, por lo tanto, en forma de lucro cesante por los ingresos dejados de percibir los días que no ha podido producir el pan, así como por la reducción del porcentaje de clientela (20 por 100) que estos incidentes han comportado.

En mi opinión, la vía por la que el señor Pandelbueno se podría resarcir de los daños económicos sufridos es el planteamiento de una reclamación de responsabilidad patrimonial ante el Ayuntamiento de las Industrias de Arriba.

Los requisitos para la concurrencia de la responsabilidad patrimonial —que se configura como objetiva, dado que no requiere que el funcionamiento de los servicios públicos sea anormal— son los establecidos en el artículo 32 de la Ley 40/2015, de 1 de octubre, de régimen jurídico del sector público. Así pues, deberá acreditarse en el escrito de reclamación la concurrencia de estos requisitos, que no son otros sino: la relación de causalidad entre el funcionamiento de la planta de reciclaje y el daño sufrido por el señor Pandelbueno; que el daño sea efectivo y evaluable económicamente; que el daño sea individualizable; que el daño sea antijurídico, es decir, que el señor Pandelbueno no tenga el deber jurídico de soportarlo; y, finalmente, que no sea consecuencia de fuerza mayor.

Por otro lado, de acuerdo con el artículo 67 de la Ley 39/2015, la reclamación se debe presentar ante el Ayuntamiento antes de que prescriba el derecho a reclamar, que es de un año desde la producción del hecho lesivo, y habrá que hacerlo mediante una solicitud que reúna los requisitos del artículo 66 de la misma Ley.

En cuanto al plazo para presentar la reclamación hay que tener en cuenta que el dies a quo *es, en este caso, el día en que se puede determinar el* quantum *del lucro cesante. En este sentido, podríamos entender que esta determinación se obtiene el último día del mes de agosto, puesto que en septiembre la planta de reciclaje ha vuelto a su horario habitual y ya se ha constatado el descenso en el volumen de clientela. Dado que aún estamos en el mes de septiembre, está claro que disponemos casi de todo un año para presentar la reclamación.*

En cuanto a los requisitos que exige el artículo 32 de la Ley 40/2015, la ausencia de fuerza mayor y la individualización del daño, así como su cuantificación económica son patentes. Aun así, la relación de causalidad, a pesar de que aparentemente está presente, podría ser discutida. Así, no se trata de un efecto inmediato, sino que el efecto sobre el negocio deriva del efecto que, a su vez, el ruido causa en el señor Pandelbueno. En cualquier caso, entiendo que sería perfectamente defendible. No obstante, hay una cuestión preocupante y es que el señor Pandelbueno reside en una casa edificada en un suelo no cualificado como residencial. Por lo tanto, se nos puede oponer que el cliente no debería vivir allá donde lo hace y que, si no fuera así, no sufriría los ruidos de la instalación municipal. Se podría apreciar, por lo tanto, de un lado, una eventual concurrencia de culpas porque el señor Pandelbueno tendría su parte de responsabilidad en la producción del daño. Y, de otro lado, también se podría cuestionar la antijuridicidad del daño, en el sentido que, como el señor Pandelbueno reside en un suelo no cualificado como residencial, está obligado a soportar las incomodidades que ello le pueda suponer. Sin embargo, en cuanto a este punto, se podría argumentar que el Ayuntamiento vulnera su propia normativa en cuanto al horario de apertura de la planta RECICLAMOS MÁS.

En definitiva, considero que la reclamación de responsabilidad patrimonial es la vía que hay que emprender para hacer valer los intereses del señor José Pandelbueno. Aun así, su prosperabilidad puede presentar los problemas antes mencionados. Estas son circunstancias que hay que advertir al cliente para que pueda tomar una decisión razonada con conocimiento de causa.

En apoyo de la pretensión podemos invocar la Sentencia de 9 de diciembre de 1994, del Tribunal Europeo de Derechos Humanos. Caso López Ostra contra España; la Sentencia de 26 de noviembre de 2010, dictada por la Sala Contencioso-Administrativa del Tribunal Superior de Justicia de Andalucía —Sevilla—;

la Sentencia n.º 536/2012, de 28 de mayo, dictada por la Sala Contencioso-Administrativa del Tribunal Superior de Justicia de Murcia; y el Dictamen 45/2016 de la Comisión Jurídica Asesora, de 11 de febrero.

Resto a su disposición para cualquier aclaración.

Cordialmente,

ACTIVIDAD 2

La responsabilidad patrimonial de la Administración, desde su formulación constitucional (art. 106.2 CE) tiene un marcado carácter objetivo, puesto que su existencia deriva del «funcionamiento» de los servicios públicos, no de su «mal funcionamiento». Nuestros parámetros culturales, sin embargo, nos conminan a pensar habitualmente en que son las conductas incorrectas las que merecen castigo y, por ello, frecuentemente de forma instintiva se tiene la tendencia a argumentar que ha sido un funcionamiento incorrecto del servicio público el que ha causado el daño.

No obstante, debemos deshacernos de este «lastre» y acostumbrarnos a pensar, no en si el servicio público ha funcionado correcta o incorrectamente, sino en si el daño que ese funcionamiento ha comportado es o no antijurídico, esto es, si quien lo ha padecido tiene o no el deber jurídico de soportarlo.

En cualquier caso, en nuestro supuesto se produce una circunstancia añadida, como es que el funcionamiento de la planta de reciclaje municipal más allá del horario permitido, es decir, el mal funcionamiento del servicio público es el que ha perjudicado el descanso de nuestro cliente. Él no se queja del ruido de la planta durante el horario laboral, sino cuando lo supera. En este caso, sí resulta relevante la transgresión de la Ordenanza, porque es la que provoca el daño. Sin embargo, podría darse la circunstancia que el ruido que produce el funcionamiento de la planta fuera en todo momento superior al máximo de decibelios permitido. Si fuera así, aunque no hubiera infracción del horario establecido por la Ordenanza y, por tanto, nos halláramos ante un funcionamiento «normal» del servicio, también se produciría un daño.

De todas formas, en una controversia de la naturaleza de la aquí planteada, la posición del cliente resulta claramente debilitada por el hecho que haya establecido su domicilio en una zona del municipio no cualificada como residencial. Ello puede acabar determinando, en el mejor de los casos, que se estime la concurrencia de culpas y, en el peor, que se llegue a considerar que nuestro cliente tiene el deber jurídico de soportar el daño, puesto que ha elegido residir en un lugar no previsto para ello. Quebraría así el requisito de la antijuridicidad del daño. Es por ello que, en una estrategia argumentativa, debería hacerse hincapié en la transgresión de la Ordenanza municipal, a fin de contrarrestar la debilidad de nuestra posición. A la postre, la decisión última, en una ponderación de todas las circunstancias concurrentes, corresponderá al órgano judicial.

ACTIVIDAD 3

Apreciado señor Pandelbueno,

He estudiado su caso detenidamente y he llegado a la conclusión de que podemos iniciar una reclamación ante el Ayuntamiento de Las Industrias de Arriba para obtener una indemnización por los daños que ha sufrido Usted a causa del funcionamiento nocturno de la planta de reciclaje. Aunque se dan algunas circunstancias que pueden suponer un cierto obstáculo para el resarcimiento total de los daños, creo que podríamos conseguir por lo menos una parte de los mismos.

El plazo para la presentación de la reclamación es amplio, de un año, que en este caso debemos computar a partir de la finalización de los trabajos de la planta de reciclaje fuera de horario.

En la reclamación argumentaríamos que en su caso se dan los requisitos que la ley establece para tener derecho a la indemnización de los daños y aportaremos la documentación que los acredita, que Usted deberá facilitarme si está de acuerdo en llevar adelante esta actuación.

El Ayuntamiento deberá resolver la reclamación en un plazo de seis meses desde que la presentemos. En el caso que no nos diera una respuesta en ese plazo, ello significaría que no nos dan la razón, pero podríamos igualmente iniciar la vía judicial ante ese resultado negativo, si Usted sigue interesado en reclamar.

En el procedimiento que seguirá la reclamación que presentaremos, además de otorgarnos un trámite para alegar aquello que nos interese destacar, se deben incorporar dos informes, uno que emitirá el Área de Medio Ambiente y Sostenibilidad del Ayuntamiento y otro que deberá llevar a cabo un órgano que es el máximo asesor del Gobierno de nuestra Comunidad Autónoma, porque nuestra reclamación es cuantiosa y superará los 50.000 euros. Para que nuestra reclamación sea exitosa, es necesario que este último informe nos dé la razón. Sin embargo, debe Usted saber que el Ayuntamiento no está legalmente obligado a estimar nuestra reclamación, aunque este informe indique que es responsable del daño que Usted ha padecido.

Quedo a la espera de su decisión sobre el inicio de la reclamación, a la vista de lo que le acabo de exponer. Estoy a su disposición para cualquier duda o aclaración que necesite.

Atentamente,

ACTIVIDAD 4

El alcalde o alcaldesa es un órgano sin superior jerárquico, por lo que sus resoluciones agotan la vía administrativa, tal y como establece el artículo 172.2.*a*) del texto refundido de la Ley municipal y régimen local de Cataluña, aprobado por el Decreto Legislativo 2/2003, de 28 de abril. Por consiguiente, de acuerdo con el artículo 123.2 de la LPAC, contra esta resolución se puede interponer recurso potestativo de reposición o directamente recurso contencioso-administrativo.

El recurso de reposición se denomina potestativo precisamente porque, a diferencia del recurso de alzada, que es necesario interponer para agotar la vía administrativa, al dirigirse contra un acto que agota la vía administrativa no es preceptiva su interposición para poder acceder a la vía jurisdiccional. Por lo tanto, es una opción (*potestas*), pero no un requisito necesario. Aun así, no se puede ejercitar la doble vía, reposición y recurso contencioso-administrativo de forma simultánea, sino que si se interpone el recurso potestativo de reposición hay que esperar a su resolución expresa, o bien a que transcurra el plazo máximo para su resolución sin haberse notificado, para interponer recurso contencioso-administrativo.

De acuerdo con el artículo 124.1 de la LPAC, el plazo para interponer el recurso potestativo de reposición contra actos expresos, como es el caso, es de un mes a contar desde el día siguiente de la notificación de aquel. La resolución de la alcaldesa se notifica el día 13 de mayo de 2020. Por lo tanto, aplicando la regla de cómputo de los plazos que se expresan por meses o años (art. 30.4 de la LPAC) el plazo para interponer el recurso finalizaría el día 13 de junio de 2020. Sin embargo, el día 13 de junio es sábado y, por lo tanto, inhábil, de acuerdo con el artículo 30.2 de la LPAC, por lo que, atendido lo que establece el artículo 30.5 de la LPAC, tenemos que considerar que el plazo finaliza el siguiente día hábil, que es el lunes 15 de junio de 2020.

Ahora bien, si la opción fuera interponer directamente el recurso contencioso-administrativo, el artículo 46.1 de la LJCA establece que el plazo para interponer este recurso contra actos expresos es de dos meses desde el día siguiente de su notificación o publicación. Por lo tanto, aplicando igualmente la regla de cómputo de los plazos que se expresan por meses o años, nos encontramos con que el último día del plazo es el 13 de julio, en este caso, lunes y, por lo tanto, día hábil (de acuerdo con el art. 130 de la LEC, aplicable supletoriamente). Aun así, en este caso estamos ante un plazo procesal y, por lo tanto, resulta de aplicación la previsión del artículo 135.5 de la LEC (por efecto de la disposición final primera de la LJCA, que establece la aplicación supletoria de la LEC en todo lo no previsto por la propia LJCA) que permite la presentación de los escritos procesales hasta las 15.00 horas del día siguiente a aquel en el cual finaliza el plazo. En nuestro caso, pues, el último día en que se podría interponer el recurso sería el día 14 de julio hasta las 15.00 horas.

Así pues, hay que tener claro en vía judicial estos dos conceptos: último día de finalización de un plazo y último día en que se puede cumplimentar un trámite sujeto a plazo.

SOLUCIONES A LAS PREGUNTAS TEST DEL CASO PRÁCTICO 3

1	2	3	4	5
d	a	b	c	c

PARA SABER MÁS...

SANTAMARÍA PASTOR, Juan Alfonso: «El "nuevo" régimen de la revisión de oficio y de los recursos administrativos», *Revista Vasca de Administración Pública*, n.º 105 (mayo-agosto 2016), 2016, pp. 247-273.

CASO PRÁCTICO 4

ACTIVIDAD 1

Apreciada Nuria,

Sobre la situación que me ha comentado hoy, paso a dar respuesta a su pregunta sobre si usted tiene derecho a que le enseñen el expediente para saber qué requisito se incumple a consideración del Departamento de Educación de la Generalitat de Catalunya.

El artículo 4 de la Ley 39/2015, de 1 de octubre, del Procedimiento Administrativo Común de las Administraciones Públicas (en adelante, LPAC), regula el concepto de persona interesada en el procedimiento administrativo, y reconoce tal condición, en la letra a*) del primer apartado, a «Quienes lo promuevan como titulares de derechos o intereses legítimos individuales o colectivos». Puesto que usted inició el procedimiento administrativo mediante la solicitud presentada el 8 de junio de 2020 por la que solicitaba la autorización correspondiente, en dicho procedimiento tiene la condición de persona interesada.*

El artículo 53.1 de la LPAC reconoce a toda persona interesada en el procedimiento administrativo un catálogo de derechos. En la letra a*) que abre dicha lista, se reconoce el derecho «A conocer, en cualquier momento, el estado de la tramitación de los procedimientos en los que tengan la condición de interesados; el sentido del silencio administrativo que corresponda, en caso de que la Administración no dicte ni notifique resolución expresa en plazo; el órgano competente para su instrucción, en su caso, y resolución; y los actos de trámite dictados. Asimismo, también tendrán derecho a acceder y a obtener copia de los documentos contenidos en los citados procedimientos».*

Así, puesto que usted tiene la condición de persona interesada en el procedimiento, goza de este derecho reconocido legalmente, a conocer en cualquier momento el estado de la tramitación del procedimiento, y concretamente tiene derecho a obtener copia de los documentos allí contenidos, como sería el documento en el que se especifica el requisito que supuestamente se incumple de los exigidos para obtener la autorización solicitada.

Este derecho de acceso al expediente por parte de la persona interesada está conectado al derecho de defensa, por lo que las limitaciones o restricciones son mínimas. Así, el artículo 82 de la LPAC cuando regula el trámite de audiencia se remite a los límites de la Ley 19/2013, de 9 de diciembre, de transparencia, acceso a la información pública y buen gobierno, en la que se establecen algunas limitaciones al derecho de acceso, pero ninguna de ellas concurre en el caso aquí planteado. En el caso del documento que le interesa, relativo a la concreción del requisito que falta por cumplir, no parece que afecte a derechos o intereses de terceras personas, por lo que no entraría en juego ninguno de los límites de los artículos 14 y 15 de dicha Ley.

La forma en que debería hacerse efectivo el derecho de acceso a los documentos del expediente sería dirigir un escrito, que yo le prepararía en su nombre y que podría presentar usted misma en la forma que le indico más adelante. Al respecto, la solicitud de acceso al expediente y de obtención de copias del mismo debe dirigirse al instructor del expediente. No existe un plazo máximo específico para atender dicha solicitud, pero en ningún caso debería ser superior a un mes, que es el que se establece como máximo en la Ley 19/2013 para las solicitudes de acceso efectuadas por quienes no tienen la condición de interesados. Parece obvio que el interesado en un procedimiento administrativo no debería quedar en peor condición que quien no ostenta tal condición.

En todo caso, la solicitud de acceso debería presentarla en el Registro electrónico de la Administración de la Generalitat (art. 16 de la LPAC), puesto que, por su condición de empresaria individual, está obligada a relacionarse por medios electrónicos. Al respecto, si bien no se desprende tal obligación de los supuestos enumerados en el artículo 14.2 de la LPAC, debe tenerse en cuenta que el artículo 14.3 habilita a las administraciones públicas a añadir por vía reglamentaria otros supuestos de obligación de relacionarse por medios electrónicos para determinados procedimientos y para ciertos colectivos de personas físicas que por razón de su capacidad económica, técnica, dedicación profesional u otros motivos quede acreditado que tienen acceso y disponibilidad de los medios electrónicos necesarios. Pues bien, esta opción que brinda el artículo 14.3 de la LPAC a las administraciones públicas, la ha aprovechado la Administración de la Generalitat con la aprobación del Decreto 76/2020, de 4 de agosto, de Administración digital, en el que se obliga también en el artículo 73 a las personas que realicen actividad económica, profesional, empresarios individuales o autónomos. En consecuencia, usted se encuentra en los colectivos obligados a relacionarse por medios electrónicos.

Quedo a su disposición para cualquier aclaración adicional.

Saludos.

ACTIVIDAD 2

Informe sobre la posible vulneración de los derechos lingüísticos con motivo de la tramitación de una solicitud de autorización ante el Departamento de Educación de la Administración de la Generalitat de Catalunya.

Antecedentes

1. En fecha 8 de junio de 2020 Nuria presenta una solicitud de autorización para la apertura de un centro educativo privado, y redacta dicha solicitud en castellano.
2. En fecha 9 de septiembre de 2020, después de haber contactado por teléfono con el Departamento, Nuria recibe un correo electrónico de respuesta, que está redactado en catalán.
3. El 10 de septiembre de 2020 Nuria formula consulta al despacho sobre la posible vulneración de sus derechos lingüísticos, puesto que no le parece correcto recibir una respuesta en catalán, cuando ella había formulado la solicitud en castellano.

Fundamentos de derecho

1. Previsiones sobre la lengua en la Constitución Española y en el Estatuto de Autonomía de Cataluña.

El artículo 3 de la Constitución Española dispone lo siguiente:

> «1. El castellano es la lengua española oficial del Estado. Todos los españoles tienen el deber de conocerla y el derecho a usarla.
> 2. Las demás lenguas españolas serán también oficiales en las respectivas Comunidades Autónomas de acuerdo con sus Estatutos.»

De conformidad con el artículo 3.2 de la Constitución, debe acudirse pues a la previsión del Estatuto de Autonomía de Cataluña, que en su artículo 6.1 dispone lo siguiente sobre la lengua propia y las lenguas oficiales:

> «La lengua propia de Cataluña es el catalán. Como tal, el catalán es la lengua de uso normal *y preferente* de las Administraciones públicas y de los medios de comunicación públicos de Cataluña, y es también la lengua normalmente utilizada como vehicular y de aprendizaje en la enseñanza.» [La Sentencia del TC 31/2010, de 28 de junio, declaró la inconstitucionalidad y nulidad del inciso en cursiva].

Y sigue el artículo 6.2 del Estatuto:

> «El catalán es la lengua oficial de Cataluña. También lo es el castellano, que es la lengua oficial del Estado español. Todas las personas tienen dere-

> cho a utilizar las dos lenguas oficiales y los ciudadanos de Cataluña el derecho y el deber de conocerlas. Los poderes públicos de Cataluña deben establecer las medidas necesarias para facilitar el ejercicio de estos derechos y el cumplimiento de este deber. De acuerdo con lo dispuesto en el artículo 32, no puede haber discriminación por el uso de una u otra lengua.»

El artículo 32 del Estatuto dispone que «Todas las personas tienen derecho a no ser discriminadas por razones lingüísticas. Los actos jurídicos realizados en cualquiera de las dos lenguas oficiales tienen, en cuanto a la lengua, plena validez y eficacia». Y el artículo 33.1 del Estatuto, en relación con los derechos lingüísticos ante las administraciones públicas dispone que:

> «Los ciudadanos tienen el derecho de opción lingüística. En las relaciones con las instituciones, las organizaciones y las Administraciones públicas en Cataluña, todas las personas tienen derecho a utilizar la lengua oficial que elijan. Este derecho obliga a las instituciones, organizaciones y Administraciones públicas, incluida la Administración electoral en Cataluña, y, en general, a las entidades privadas que dependen de las mismas cuando ejercen funciones públicas.»

Finalmente, el artículo 50.5 del Estatuto dispone lo siguiente:

> «La Generalitat, la Administración local y las demás corporaciones públicas de Cataluña, las instituciones y las empresas que dependen de las mismas y los concesionarios de sus servicios deben utilizar el catalán en sus actuaciones internas y en la relación entre ellos. También deben utilizarlo en las comunicaciones y las notificaciones dirigidas a personas físicas o jurídicas residentes en Cataluña, sin perjuicio del derecho de los ciudadanos a recibirlas en castellano si lo piden.»

2. Previsiones sobre la lengua en la Ley 39/2015 y otras normas aplicables.

El artículo 13.*c*) de la Ley 39/2015, de 1 de octubre, del Procedimiento Administrativo Común de las Administraciones Públicas (en adelante, LPAC), reconoce el derecho de toda persona a utilizar las lenguas oficiales en el territorio de su comunidad autónoma, de conformidad con lo previsto en la propia LPAC y en el resto de ordenamiento jurídico. Dicho artículo debe complementarse con el artículo 15 de la LPAC, que está dedicado específicamente a la lengua de los procedimientos, y dispone lo siguiente respecto de los procedimientos tramitados por las Administraciones de las Comunidades Autónomas, como es el caso:

> «2. En los procedimientos tramitados por las Administraciones de las Comunidades Autónomas y de las Entidades Locales, el uso de la lengua se ajustará a lo previsto en la legislación autonómica correspondiente.»

Esta remisión a la legislación autonómica correspondiente debe entenderse efectuada a la Ley 1/1998, de 7 de enero, de Política Lingüística, que en su artículo 2 dispone lo siguiente:

> «1. El catalán es la lengua propia de Cataluña y la singulariza como pueblo.
>
> 2. El catalán, como lengua propia, es:
>
> *a*) La lengua de todas las instituciones de Cataluña, y en especial de la Administración de la Generalidad, de la Administración local, de las Corporaciones públicas, de las empresas y los servicios públicos, de los medios de comunicación institucionales, de la enseñanza y de la toponimia.»

Por consiguiente, tanto el Estatuto de Autonomía como la legislación de Cataluña establecen que la lengua propia de los órganos de la Administración de la Generalidad es el catalán, y en dicha lengua deben tramitarse los procedimientos y todas las actuaciones efectuadas en el marco de dichos procedimientos. Ello sin perjuicio del derecho de las personas interesadas a solicitar expresamente la traducción al castellano de los documentos que se le deban dirigir. Este esquema está también contenido en el artículo 15.3 de la LPAC:

> «La Administración Pública instructora deberá traducir al castellano los documentos, expedientes o partes de los mismos que deban surtir efecto fuera del territorio de la Comunidad Autónoma y los documentos dirigidos a los interesados que así lo soliciten expresamente. Si debieran surtir efectos en el territorio de una Comunidad Autónoma donde sea cooficial esa misma lengua distinta del castellano, no será precisa su traducción.»

En consecuencia, no se observa vulneración de los derechos lingüísticos de Nuria, puesto que la circunstancia de haber formulado la solicitud en castellano no eximía al órgano de la Administración de la Generalitat de su obligación de tramitar el procedimiento en catalán, al no existir constancia que se hubiese solicitado expresamente la tramitación y respuesta en castellano.

Conclusión

No existe una vulneración de los derechos lingüísticos de Nuria, puesto que no consta que la persona interesada hubiese manifestado expresamente su deseo de obtener respuesta en castellano, por lo que el órgano de la Administración de la Generalitat al dirigir el escrito a una persona con residencia en Cataluña estaba obligado a utilizar el catalán.

Barcelona, 12 de septiembre de 2020

Fdo.: Colegiado n.º XXX

ACTIVIDAD 3

Fundamento [...]. - Sobre los defectos procedimentales.

Consta en el expediente que la solicitud de autorización se presentó el 8 de junio de 2020, acompañada de la documentación correspondiente. Si el órgano competente consideraba que la solicitud no reunía los requisitos exigidos por la normativa aplicable, debía actuar según lo previsto en el artículo 68.1 de la Ley 39/2015, de 1 de octubre, del Procedimiento Administrativo Común de las Administraciones Públicas (en adelante, LPAC), que reza como sigue:

> *«1. Si la solicitud de iniciación no reúne los requisitos que señala el artículo 66, y, en su caso, los que señala el artículo 67 u otros exigidos por la legislación específica aplicable, se requerirá al interesado para que, en un plazo de diez días, subsane la falta o acompañe los documentos preceptivos, con indicación de que, si así no lo hiciera, se le tendrá por desistido de su petición, previa resolución que deberá ser dictada en los términos previstos en el artículo 21.»*

Así, la aplicación del precepto transcrito al caso aquí planteado, impedía denegar la solicitud por la simple falta de aportación de los planos de distribución de los espacios e instalaciones. Lo procedente ante la falta de aportación de dicho documento exigido por la normativa aplicable, era efectuar el requerimiento correspondiente a mi representada, permitiendo así la subsanación de la solicitud defectuosa o incompleta. Además, en dicho requerimiento es obligado advertir a la persona solicitante que en caso de incumplir dicho requerimiento, se le tendrá por desistida de la solicitud, debiéndose dictar la resolución correspondiente de desistimiento, en tal caso.

Por otra parte, también se ha vulnerado otra exigencia formal o procedimental, como es la de comunicar a la persona solicitante la información prevista en el artículo 21.4 de la LPAC, precepto en el que se obliga a facilitar determinada información a la persona solicitante. Así, el segundo párrafo del precepto indicado dispone lo siguiente:

> *«En todo caso, las Administraciones Públicas informarán a los interesados del plazo máximo establecido para la resolución de los procedimientos y para la notificación de los actos que les pongan término, así como de los efectos que pueda producir el silencio administrativo. Dicha mención se incluirá en la notificación o publicación del acuerdo de iniciación de oficio, o en la comunicación que se dirigirá al efecto al interesado dentro de los diez días siguientes a la recepción de la solicitud iniciadora del procedimiento en el registro electrónico de la Administración u Organismo competente para su tramitación. En este último caso, la comunicación indicará además la fecha en que la solicitud ha sido recibida por el órgano competente.»*

En consecuencia, una vez recibida la solicitud presentada el 8 de junio de 2020, el órgano administrativo en el plazo máximo de diez días debía remitir a Nuria dicha comunicación con toda la información citada. Y lo procedente sería haber incluido también en dicha comunicación el requerimiento de subsanación antes indicado. En efecto, el artículo 72.1 de la LPAC habilita expresamente a concentrar en un solo acto todos los trámites que, por su naturaleza, admitan un impulso simultáneo y no sea obligado su cumplimiento sucesivo.

ACTIVIDAD 4

Fundamento [...]. - Sobre los efectos del silencio administrativo.

Debe partirse de la premisa de la obligación de la Administración de dictar resolución expresa y notificarla en todos los procedimientos cualquiera que sea su forma de iniciación, obligación impuesta de forma clara en el artículo 21.1 de la LPAC. Tal obligación exige no solo dictar la resolución del procedimiento, sino también notificarla a las personas interesadas, lo que debe hacerse siempre dentro del plazo máximo previsto para el procedimiento en cuestión.

Al respecto, el artículo 21.2 de la LPAC dispone que «El plazo máximo en el que debe notificarse la resolución expresa será el fijado por la norma reguladora del correspondiente procedimiento». En el caso planteado, el plazo máximo de tramitación del procedimiento viene determinado por el Decreto 122/2012, de 9 de octubre, del procedimiento de autorización y de comunicación previa para la apertura de centros educativos privados. Dicho Decreto establece un plazo máximo de tres meses, y en caso de transcurrir dicho plazo sin haber notificado la resolución expresa, se añade que la parte interesada puede entender estimada su solicitud.

Debe insistirse en este punto que el plazo máximo de tres meses, no lo es solo para dictar la resolución, sino también para notificarla. Al menos, en dicho plazo debe haberse efectuado el intento de notificación de dicha resolución, intento que si consta debidamente acreditado, permitiría considerar que se ha respetado el deber de notificar en el plazo máximo establecido, de conformidad con lo previsto en el artículo 40.4 de la LPAC.

En cuanto a las reglas del cómputo del plazo máximo de tres meses antes indicado, debe acudirse al artículo 21.3 de la LPAC, en el cual se establece que debe computarse en la forma siguiente, en el caso de procedimientos iniciados a instancia de la persona interesada:

> «b*) En los iniciados a solicitud del interesado, desde la fecha en que la solicitud haya tenido entrada en el registro electrónico de la Administración u Organismo competente para su tramitación.*»

De conformidad con todos los preceptos mencionados anteriormente, en el presente supuesto, una vez presentada y recibida por el Departamento competente la solicitud de autorización el 8 de junio de 2020, en esa misma fecha se iniciaba el cómputo del plazo de tres meses. Por lo que dicho plazo se extinguía a la finalización del día 7 de septiembre de 2020, o en el mejor de los casos para la Administración, el 8 de septiembre de 2020, aplicando la regla de fecha a fecha, y según lo previsto en el artículo 30 de la LPAC respecto el cómputo de los plazos. Debe precisarse en este punto que el mes de agosto se considera hábil en el cómputo de plazos respecto de procedimientos tramitados por las administraciones públicas, a diferencia de lo que sucede con los procesos judiciales.

Consta en las actuaciones que la resolución del procedimiento se dictó el 7 de septiembre de 2020, es decir, cuando no se había extinguido aún el plazo máximo del procedimiento. Pero la notificación de dicha resolución no se practicó hasta el 17 de septiembre de 2020, es decir una vez superado el plazo máximo previsto para el procedimiento. Además, tampoco consta la existencia de ningún intento de notificación antes de la finalización del plazo indicado.

En definitiva, que cuando se llevó a cabo la notificación de la resolución desestimatoria se había superado ya el plazo máximo del procedimiento, momento en el que se había consumado el silencio estimatorio previsto en la propia norma reguladora del procedimiento. En relación con la figura del silencio debe acudirse al artículo 24 de la LPAC, que dispone lo siguiente:

> *«2. La estimación por silencio administrativo tiene a todos los efectos la consideración de acto administrativo finalizador del procedimiento. La desestimación por silencio administrativo tiene los solos efectos de permitir a los interesados la interposición del recurso administrativo o contencioso-administrativo que resulte procedente.»*

Así, cuando el silencio tiene carácter estimatorio, la producción del silencio se equipara a la existencia de una resolución expresa estimatoria. En consecuencia, una vez consumado el plazo máximo del procedimiento y producido el silencio estimatorio al no haberse notificado la resolución de este —ni haber constancia acreditada de haberse efectuado un intento— debe entenderse que se estimó la solicitud que se había presentado el 8 de junio de 2020, por lo que debe entenderse que se ha otorgado a Nuria la autorización que había solicitado.

En este sentido, el artículo 24.4 de la LPAC dispone que «Los actos administrativos producidos por silencio administrativo se podrán hacer valer tanto ante la Administración como ante cualquier persona física o jurídica, pública o privada. Los mismos producen efectos desde el vencimiento del plazo máximo en el que debe dictarse y notificarse la resolución expresa sin que la misma se haya expedido, y su existencia puede ser acreditada por cualquier medio de prue-

ba admitido en Derecho, incluido el certificado acreditativo del silencio producido. Este certificado se expedirá de oficio por el órgano competente para resolver en el plazo de quince días desde que expire el plazo máximo para resolver el procedimiento. Sin perjuicio de lo anterior, el interesado podrá pedirlo en cualquier momento, computándose el plazo indicado anteriormente desde el día siguiente a aquel en que la petición tuviese entrada en el registro electrónico de la Administración u Organismo competente para resolver.»

Es verdad que la estimación por silencio de la solicitud no impedía a la Administración dictar posteriormente la resolución expresa correspondiente, pero tal resolución estaba sometida al régimen establecido en el artículo 24.3 de la LPAC:

> «a*) En los casos de estimación por silencio administrativo, la resolución expresa posterior a la producción del acto solo podrá dictarse de ser confirmatoria del mismo.*
>
> b*) En los casos de desestimación por silencio administrativo, la resolución expresa posterior al vencimiento del plazo se adoptará por la Administración sin vinculación alguna al sentido del silencio.»*

*En consecuencia, de conformidad con el artículo 24.3.*a*) de la LPAC, una vez consumado el silencio estimatorio solo podría notificarse una resolución confirmatoria de dicho silencio. Al haberse notificado una resolución desestimatoria, dicha resolución vulnera lo previsto en el ordenamiento jurídico aplicable, concretamente las reglas establecidas para el silencio administrativo. Por consiguiente, estamos ante una resolución que incurre en un vicio de anulabilidad de los previstos en el artículo 48 de la LPAC, por lo que procede su anulación, y debe dejarse sin efecto.*

SOLUCIONES A LAS PREGUNTAS TEST DEL CASO PRÁCTICO 4

1	2	3	4	5
c	a	c	b	b

PARA SABER MÁS...

— Tribunal Superior de Justicia de Cataluña, Sala de lo Contencioso-administrativo, Sección 2.ª, Sentencia 113/2018, de 15 de febrero de 2018, Rec. 484/2015.

— Tribunal Supremo, Sala Tercera, de lo Contencioso-administrativo, Sección 3.ª, Sentencia 1526/2019, de 5 de noviembre de 2019, Rec. 6806/2018.

— Audiencia Nacional, Sala de lo Contencioso-administrativo, Sección 1.ª, Sentencia de 11 de octubre de 2018, Rec. 72/2017.

— Tribunal Superior de Justicia de Madrid, Sala de lo Social, Sección 6.ª, Sentencia 918/2019, de 4 de noviembre de 2019, Rec. 536/2019.

— Tribunal Superior de Justicia de Castilla y León de Valladolid, Sala de lo Contencioso-administrativo, Sección 1.ª, Sentencia 1707/2016, de 9 de diciembre de 2016, Rec. 1073/2015.

Mir Puigpelat, Oriol: *Transparencia y procedimiento administrativo. El derecho de acceso al expediente y su conexión con el derecho de acceso a información pública*, Civitas, Madrid, 2019.

Valencia Martín, Germán: «Silencio administrativo común y especial», *Revista Aragonesa de Administración Pública*, n.º 53, 2019, pp. 14-89.

CASO PRÁCTICO 5

ACTIVIDAD 1

Querida Teresa,

Como estaré fuera unos días y no podré explicártelo personalmente, expongo en esta nota que te enviaré mi parecer en relación con la situación que me explicaste.

De acuerdo con la Ley 16/2015, de 21 de julio, de simplificación de la actividad administrativa de la Administración de la Generalitat y de los gobiernos locales de Catalunya y de impulso de la actividad económica, la apertura del centro de yoga y meditación que tenías prevista está sujeta a declaración responsable porque su superficie es inferior a 120 m². Es obvio que la Ordenanza municipal de 2017 establece una determinación contraria a la Ley, dado que exige que todos los locales donde se realicen actividades de este tipo tengan una superficie mínima de 120 m² y, por lo tanto, impide la apertura de talleres de dimensiones inferiores.

En esta situación, hubieras podido presentar una declaración responsable, tal como establece la Ley, y abrir el centro, en lugar de solicitar autorización, de acuerdo con la Ordenanza. Aun así, el resultado probablemente habría sido igualmente desfavorable para ti, y con mayor perjuicio, porque el Ayuntamiento te habría ordenado cerrar el centro y esto seguramente te habría generado todavía más pérdidas.

La cuestión es que, como bien sabes, el plazo para impugnar la Ordenanza municipal, que es nula de pleno derecho, al menos en cuanto a la previsión que a ti te afecta, hace tiempo que finalizó y la resolución denegatoria de la autorización no es más que un acto de aplicación de esta disposición general. Siendo así, el único reproche que se puede hacer a la resolución que, por lo demás, ha sido tramitada de acuerdo con el procedimiento legalmente establecido, es que la Ordenanza que ha aplicado no es conforme a derecho.

Esto nos abre una vía de reacción, que es la prevista por el artículo 26 de la Ley 29/1998. En este precepto, como recordarás, se prevé que, además de la impugnación directa de las disposiciones de carácter general, también es admisible la de los actos que se produzcan en aplicación de estas, precisamente fundamentada en que estas disposiciones no son conformes a derecho. Además, también se establece que el hecho de no haber impugnado directamente la disposición general (como es tu caso) o de que se haya desestimado el recurso que eventualmente se hubiera interpuesto, no es impedimento para impugnar los actos de aplicación de la misma con la fundamentación mencionada.

En consecuencia, como estamos en plazo, yo te recomiendo la interposición de un recurso contencioso-administrativo contra la resolución de la alcaldesa, que es susceptible del mismo, dado que es un acto que agota la vía administrativa, recurso que se fundamentaría en la ilegalidad de la Ordenanza municipal.

Supongo que recordarás que, en el supuesto de que se estime el recurso, de acuerdo con lo que establece el artículo 27 de la Ley 29/1998, el órgano judicial que ha dictado la sentencia firme estimatoria por el motivo antes mencionado, está obligado a plantear una cuestión de ilegalidad ante el Tribunal competente para conocer del recurso directo contra la disposición (salvo que el órgano que ha dictado el acto y el competente para conocer del recurso directo sean el mismo, o que la sentencia del recurso indirecto la haya dictado el Tribunal Supremo).

La cuestión de ilegalidad está regulada en el artículo 123 de la Ley 29/1998 y prevé el emplazamiento a quienes hayan sido parte en el recurso indirecto para que puedan comparecer y formular alegaciones en el procedimiento de la cuestión. Así pues, si prospera el recurso contencioso que te recomiendo interponer, se plantearía la cuestión de ilegalidad y tendrías la posibilidad, que también te recomiendo ejercer, de comparecer para alegar la disconformidad a Derecho de la Ordenanza municipal.

El camino es un poco largo, pero es la única vía de que dispones para reclamar contra la actuación municipal que te impide ejercer la actividad económica que deseas.

Estoy a tu disposición para cualquier duda o aclaración que necesites y, obviamente, por si quieres que sea yo quien ejerza tu defensa (y también la representación, si lo estimas oportuno) en este caso.

Cordialmente,

ACTIVIDAD 2

El último día del plazo de interposición del recurso contencioso-administrativo sería el 15 de julio de 2020. Siendo la fecha de notificación de la resolución el 15 de mayo de 2020, si aplicamos la regla de cómputo de los plazos que se fijan por meses o años, este se inicia el día siguiente del día de la notificación y finaliza el día que coincide en número con el de la fecha de notificación, pero del mes correspondiente. En este caso el día 15 de julio de 2020 es un día hábil a efectos procesales (y también administrativos) de acuerdo con la LEC, de aplicación supletoria para todo aquello no previsto por la LJCA (disposición final primera). Este es el último día del plazo, que es lo que se pide en la pregunta. Aun así, hay que aclarar que no es el último día en que se puede interponer el recurso, pues también sería de aplicación supletoria lo previsto en el artículo 135.5 de la LEC y, por lo tanto, se podría presentar el recurso hasta las 15.00 horas del día siguiente, 16 de julio.

Puesto que el acto que se impugna es una resolución de la alcaldesa, es decir, un acto emanado de una entidad local, de acuerdo con el artículo 8.1 de la LJCA el recurso se tendría que interponer ante el Juzgado de lo Contencioso-administrativo. Este precepto prevé que los recursos interpuestos en relación con actos de los entes locales, salvo que versen sobre instrumentos de planeamiento urbanístico, son de conocimiento de los juzgados contencioso-administrativos.

Para determinar ante qué concreto Juzgado de lo Contencioso-administrativo se tendría que interponer el recurso hay que acudir a las reglas primera y segunda (primer párrafo) del artículo 14 de la LJCA, que establecen que, a todos los efectos, es competente el órgano jurisdiccional de la circunscripción en que el órgano que ha dictado el acto tenga su sede, salvo que el objeto del recurso verse sobre responsabilidad patrimonial, personal, propiedades especiales y sanciones, en cuyos supuestos la parte demandante puede escoger entre el órgano judicial competente por razón de la sede o por razón de su propio domicilio. En nuestro caso, como no se trata de ninguna de estas materias, el órgano judicial competente es el Juzgado de lo Contencioso-administrativo de Barcelona que por turno corresponda, por razón de la sede del Ayuntamiento de Buenavista del Maresme.

El recurso se tramitaría por el procedimiento ordinario, porque no estamos ante ninguno de los supuestos que prevé el artículo 78 de la LJCA a tramitar por el procedimiento abreviado (cuestiones de personal al servicio de las administraciones públicas, extranjería e inadmisiones de asilo político, asuntos de disciplina deportiva en materia de dopaje y todos aquellos recursos cuya cuantía no supere los 30.000 euros).

De acuerdo con el procedimiento ordinario, el recurso se inicia por un escrito de interposición que ha de cumplir los requisitos del artículo 45 de la LJCA. Una vez anunciado el recurso, el órgano judicial reclama el expediente administrativo a la Administración demandada (reclamación que sirve de emplazamiento a la misma para comparecer en el recurso), quien lo tiene que enviar y también emplazar para comparecer a las otras personas interesadas en el procedimiento, en su caso. Una vez recibido el expediente se da traslado a la parte demandante para que formule la demanda y, una vez formulada, se traslada a las partes demandadas a fin de que la contesten (pueden hacer uso del trámite de alegaciones previas, en su caso). De acuerdo con el artículo 60 y siguientes de la LJCA se puede abrir un período probatorio, a cuya finalización y en función de lo que hayan solicitado las partes (art. 62 de la LJCA) se puede otorgar un plazo de conclusiones o acordar la celebración de vista. Finalizada la tramitación, procede dictar la sentencia.

Contra la sentencia que se dicte en nuestro caso, se puede interponer recurso de apelación en el plazo de quince días desde el día siguiente a su notificación [arts. 81.*d*) y 85 de la LJCA], recurso que deberá resolver la Sala de lo Contencioso-Administrativo del Tribunal Superior de Justicia de Cataluña (art. 85 de la LJCA).

En el supuesto de que la sentencia del juzgado hubiera sido estimatoria y el ayuntamiento no interpusiera recurso, devendría firme y el juzgado tendría que plantear la cuestión de ilegalidad ante la Sala de lo Contencioso-Administrativo del Tribunal Superior de Justicia de Cataluña, competente para el conocimiento del recurso directo contra la Ordenanza municipal [art. 10.1.*b*) de la LJCA]. Si se hubiera interpuesto recurso de apelación contra la misma (por parte del Ayuntamiento ante una eventual sentencia estimatoria, o por parte de la representación de Teresa si fuera desestimatoria) y la sentencia del recurso de apelación determinara la disconformidad a derecho de la Ordenanza municipal, el juzgado también tendría que plantear la cuestión de ilegalidad.

ACTIVIDAD 3

Como consecuencia del recurso interpuesto por Teresa, he constatado que la Ordenanza municipal de 2017 vulnera las previsiones de la Ley 16/2015, de 21 de julio, de simplificación de la actividad administrativa de la Administración de la Generalitat y de los gobiernos locales de Catalunya y de impulso de la actividad económica, por cuanto dicha norma legal somete el ejercicio de la actividad que Teresa quiere desarrollar en un local de 100 m² al régimen de declaración responsable. Pero al contrario, nuestra Ordenanza no solo establece la necesidad de autorización previa, sino que exige que el local donde se vaya a desarrollar la actividad cuente al menos con 120 m² de superficie.

Resulta obvio, pues, que la Ordenanza de 2017 es nula de pleno de derecho por contravenir dicha Ley 16/2015, de acuerdo con lo que establece el artículo 47.2 de la Ley 39/2015.

Sin embargo, aunque el recurso cita el régimen jurídico previsto por la Ley 16/2015, lo cierto es que siendo su objeto la resolución denegatoria de la autorización, no puede negarse que la misma ha aplicado correctamente la Ordenanza municipal. Por ello, no existiendo en vía administrativa la figura del recurso indirecto contra disposiciones de carácter general (lógicamente, ya que éstas no son impugnables mediante recurso administrativo), y habiendo aplicado la resolución impugnada correctamente la Ordenanza municipal (con independencia de la ilegalidad de la misma), no podemos sino desestimar el recurso interpuesto por Teresa.

No obstante, constatada la nulidad de pleno derecho de la Ordenanza, resulta de todo punto necesario, habida cuenta del sometimiento de los poderes públicos a la ley y al derecho que viene impuesto desde la propia Constitución, iniciar el procedimiento de revisión de oficio de la Ordenanza, de acuerdo con lo previsto en el artículo 106.2 Ley 39/2015, en el que deberá recabarse el dictamen de la Comisión Jurídica Asesora, órgano consultivo de la Generalitat de Catalunya.

SOLUCIONES A LAS PREGUNTAS TEST DEL CASO PRÁCTICO 5

1	2	3	4	5
d	a	c	a	d

PARA SABER MÁS...

CARBONELL PORRAS, Eloísa: «La capacidad y la representación de las partes en la jurisdicción contencioso-administrativa», *Administración de Andalucía: revista andaluza de administración pública*, 100, 2018 (ejemplar dedicado a: Veinte años de la Ley 29/1998, de 13 de julio, reguladora de la Jurisdicción Contencioso-Administrativa: balance y perspectivas), pp. 47-85.

ARIAS APARICIO, Flor: «A propósito de los plazos administrativos, su cómputo y las nuevas reglas fijadas en la Ley 39/2015, de 1 de octubre, de Procedimiento Administrativo Común de las Administraciones Públicas», *Revista General de Derecho Administrativo*, n.º 42, 2016.

CASO PRÁCTICO 6

ACTIVIDAD 1

El tribunal calificador de un proceso selectivo en una administración pública es un órgano colegiado y sus miembros están sometidos a las normas de organización de cada administración pública, si existen, y de forma supletoria, las contenidas en la LRJSP, de carácter básico, que, en cualquier caso, regirán de forma supletoria en todo lo no previsto en aquellas.

En concreto, el artículo 23 de la mencionada Ley establece las causas de abstención a las que están sometidos las autoridades y personal al servicio de las Administraciones Públicas, y la obligatoriedad de éstos de no intervenir en el procedimiento y comunicar esta circunstancia al superior inmediato. Entre los motivos de abstención que recoge la Ley se encuentra el de tener parentesco de consanguinidad hasta el cuarto grado [art. 23.2.*b*) de la LRJSP].

Por lo tanto, el padre de Carlos, se tenía que haber abstenido de intervenir en el procedimiento al tener una relación de parentesco dentro del primer grado de consanguinidad con un aspirante.

Al mismo tiempo que la Ley indica el deber y las causas de abstención, también establece la posibilidad de poner de manifiesto que se da una de las causas mediante la recusación, la cual se puede alegar en cualquier momento de la tramitación del procedimiento, o en su defecto, al final de este si se impugna la resolución que finaliza el procedimiento (art. 24 de la LRJSP).

En este supuesto, Juan estaría legitimado para presentar un escrito de recusación porque tiene la condición de interesado al ser una persona física que participa o concurre en el procedimiento selectivo, de conformidad con el artículo 4.1.*b*) de la LPAC.

ACTIVIDAD 2

El escrito de recusación que presente Juan tendrá que tener el contenido mínimo de una solicitud, de acuerdo con el artículo 66 de la LPAC, es decir, nombre y apellidos, identificación del medio electrónico, o en su defecto, lugar físico en que desea que se practique la notificación, hechos, razones y petición en que se concrete, con toda claridad, la solicitud, lugar y fecha, firma del solicitante o acreditación de la autenticidad de su voluntad expresada por cualquier medio, y órgano, centro o unidad administrativa a la que se dirige. Además, en este caso tendrá que identificar el procedimiento selectivo y el número de expediente si lo conociera.

Por lo que se refiere al órgano al cual se debe de dirigir, este sería el tribunal calificador, el cual tendría que elevarlo al órgano que lo nombró que sería el competente para resolver, o, en su caso, directamente a este órgano que es el que ha nombrado los miembros del tribunal.

«*Expediente: xxx/2020*

Procedimiento: concurso oposición para la selección de 2 agentes de la Policía Local

Juan Pérez Sánchez, con DNI …………, domicilio a efectos de notificaciones en la calle Mayor, 3, de Villahermosa, y teléfono 666778899, ante el Tribunal calificador del proceso selectivo de acceso por concurso oposición, para la provisión de 2 plazas de agente de la Policía Local del Ayuntamiento de Villamar, comparezco y

DIGO/EXPONGO:

1. Que presenté una solicitud para formar parte del proceso selectivo de concurso oposición, para la provisión de 2 plazas de agente de la Policía Local de este Ayuntamiento, y consto en la lista definitiva de admitidos, siendo interesado en el procedimiento;

*2. Que he tenido conocimiento que el vocal titular de este tribunal calificador, Carlos Padre Ruiz, tiene una relación de parentesco con uno de los aspirantes de este procedimiento selectivo, y, por lo tanto, en este miembro del tribunal concurre la causa de abstención prevista en el apartado 2.*b*) del artículo 23 de la Ley 40/2015, de 1 de octubre, de Régimen Jurídico del Sector Público.*

Que, como consecuencia de lo anterior procede que el citado funcionario sea apartado de la tramitación del procedimiento selectivo, de conformidad con el artículo 24 de la Ley 40/2015, de 1 de octubre, de Régimen Jurídico del Sector Público.

Por lo expuesto SOLICITO:

Tenga por formulada recusación del funcionario Carlos Padre Ruiz para intervenir en el procedimiento al que se hace referencia en el presente escrito y como consecuencia de esta y, previos los trámites legales pertinentes, se acuerde la separación del mencionado funcionario como vocal del tribunal calificador, y, en consecuencia, sea apartado del procedimiento selectivo en curso.

En Villamar, a … de …………………. de 2020

(firma)

AL TRIBUNAL DEL PROCESO SELECTIVO XXX/ ÓRGANO CONVOCANTE DEL AYUNTAMIENTO»

ACTIVIDAD 3

La petición presentada por Juan es un escrito de recusación y tiene que seguir el procedimiento establecido en el artículo 24 de la LRJSP. Se tramita como un incidente dentro del procedimiento administrativo principal.

En primer lugar, ante un escrito de recusación, el día siguiente de su recepción, el recusado debe poner en conocimiento de su superior inmediato si se da o no en él la causa alegada. En este supuesto, se entiende que el superior será la persona que ha nombrado al padre de Carlos como vocal en el tribunal, con carácter general el alcalde, cuando este aprueba el listado de admitidos y excluidos en el proceso selectivo.

Si el superior aprecia la concurrencia, acordará la sustitución del miembro recusado acto seguido; si, por el contrario, el recusado niega la causa de recusación, el superior debe resolver expresamente en el plazo de tres días, solicitando aquellos informes que considere necesarios y/o haciendo las comprobaciones previas oportunas.

Contra la resolución adoptada en un incidente de recusación, no se puede interponer recurso, sin perjuicio que esta causa pueda ser alegada al final del procedimiento si se interpone un recurso contra el acto finalizador del mismo, de conformidad con el artículo 24.5 de la LRJSP.

ACTIVIDAD 4

Juan puede solicitar al Ayuntamiento la revisión de oficio del acto administrativo de nombramiento de Carlos visto el tiempo transcurrido y la nueva información que posee, que es que Carlos no reunía los requisitos de titulación para ser nombrado funcionario de carrera. Así lo prevé el artículo 106 de la LPAC.

El acto administrativo que puede impugnar es el acto del alcalde por el cual se nombra a Carlos como funcionario de la Policía local del Ayuntamiento de Vilamar, es decir, el decreto, de 5 de mayo de 2020. Este acto es firme porque contra este no se puede interponer recurso ordinario en plazo visto el tiempo transcurrido.

Tampoco se podría interponer un recurso extraordinario de revisión porque también se habría superado el plazo de tres meses previsto en el artículo 125.2 de la LPAC, en relación con el apartado 1.*c*) del mismo artículo.

De acuerdo con la información obtenida, el decreto del alcalde, de 5 de mayo de 2020, sería nulo de pleno derecho, en tanto que se trata de un acto expreso contrario al ordenamiento jurídico por el que se adquiere un derecho cuando se carece de los requisitos esenciales para su adquisición, de conformidad con el artículo 47.1.*f*) de la LPAC, causa que sería el fundamento de la invalidez del acto administrativo.

Esto es así porque al no tener el título de graduado en Educación Secundaria Obligatoria, Carlos no cumpliría los requisitos para ser nombrado agente de la policía local, ya que es un requisito para participar en el proceso en tanto que es la titulación que la Ley requiere para el nombramiento de un funcionario de esta categoría (art. 24 de la Ley 16/1991, de 10 de julio, de las Policías Locales, en relación con el art. 56 y 76 del Real Decreto Legislativo 5/2015, de 30 de octubre, por el que se aprueba el texto refundido de la Ley del Estatuto Básico del Empleado Público).

Juan no tendría limitación de plazo para solicitar la revisión de oficio del acto administrativo nulo, y el Ayuntamiento debería iniciar el procedimiento y solicitar un dictamen al órgano consultivo equivalente al Consejo de Estado en la Comunidad autónoma (en Cataluña, la Comisión Jurídica Asesora).

SOLUCIONES A LAS PREGUNTAS TEST DEL CASO PRÁCTICO 6

1	2	3	4	5
b	d	c	a	d

PARA SABER MÁS…

— Sentencia del Tribunal Superior de Justicia de La Rioja, de 2 de febrero de 2000 (recurso 44/1997), sobre nulidad radical al producirse causa de abstención por relación de parentesco en grado de consanguinidad.

— Sentencia del Tribunal Superior de Justicia de Andalucía, Málaga (Sala de lo Contencioso-Administrativo, Sección 1.ª), sentencia, de 31 enero de 2019, recurso de apelación 264/2017, sobre la aportación de documentos falsos en un procedimiento selectivo y el inicio de un procedimiento de revisión de oficio por iniciativa propia del ayuntamiento.

— Sentencia del Tribunal Supremo (Sala de lo Contencioso-Administrativo, Sección 3.ª), de 1 de marzo de 2017, recurso de casación 2450/2014, doctrina sobre los límites a la revisión de oficio (FJ 6.º).

— Dictamen n.º 742/11, de la Comisión Permanente del Consejo Consultivo de la Comunidad de Madrid, de 21 de diciembre de 2011, sobre revisión de oficio de un decreto de alcaldía en un procedimiento selectivo.

— Dictamen n.º 216/2019, de 18 de julio, de la Comisión Jurídica Asesora de la Generalitat de Catalunya, de revisión de oficio instruida por la Agencia de Residus de Catalunya para declarar la nulidad de pleno derecho de la Resolución de 26 de julio de 2018, por la cual se adjudicó a la Sra. A una plaza de administrativa, categoría II, sin cumplir los requisitos de participación en el proceso selectivo.

ALENZA GARCÍA, José Francisco: *Revisión, revocación y rectificación de actos administrativos*, Aranzadi, Pamplona, 2018.

LÓPEZ RAMÓN, Fernando; VILLAR ROJAS, Francisco José (coords.): *El alcance de la invalidez de la actuación administrativa*, INAP, Madrid, 2017.

MESEGUER YEBRA, Joaquín: *La revisión de oficio de los actos administrativos nulos de pleno derecho y de las disposiciones administrativas*, Editorial Bosch, 1.ª ed., 2000. Colección: Biblioteca básica de práctica procesal, 366.

CUADRADO ZULOAGA, Daniel: «La abstención y la recusación en el procedimiento administrativo», *Actualidad administrativa*, n.º 1, 2012.

CASO PRÁCTICO 7

ACTIVIDAD 1

Para responder a la primera cuestión planteada hay que tener en cuenta que la notificación de la sanción tuvo lugar el día 16 de mayo de 2018.

Puesto que el plazo para recurrir en reposición es de un mes, el cómputo ha de hacerse con arreglo al artículo 30 de la LPAC, cuyo apartado 4 regula la forma de computar, que se sintetiza en que el plazo concluirá el mismo día en que se produjo la notificación en el mes de vencimiento.

En aplicación de esa regla el último día para la presentación del recurso de reposición en principio sería el día 16 de junio de 2018.

Sin embargo, el día 16 de junio de 2018 es sábado, e inhábil, por lo que con arreglo al artículo 30.5 de la LPAC, cuando el último día del plazo sea inhábil, se entenderá prorrogado al primer día hábil siguiente. Con la entrada en vigor de la LPAC los sábados y domingos son días inhábiles, aunque con la anterior regulación (la derogada Ley 30/1992) los sábados eran considerados hábiles.

Así pues, el último día para la interposición del recurso de reposición será el lunes día 18 de junio de 2018.

El recurso de reposición tiene carácter potestativo, de tal forma que Sandra podía optar por la presentación de este o por acudir directamente a la vía judicial, lo que también podrá hacer, en cualquier caso, en caso de resolución expresa o presunta desestimatoria del recurso de reposición.

Por lo que se refiere a la segunda pregunta, para determinar el último día en que se puede presentar el recurso contencioso administrativo, ante un órgano judicial, hay que tener en cuenta que ya no se aplican las normas administrativas antes señaladas, sino las normas procesales.

Esto es de especial importancia, ya que ha de quedar claro que para computar los plazos administrativos se aplican las normas de esta naturaleza, mientras que para el cómputo de los plazos judiciales se aplican las leyes procesales, que no son coincidentes.

En este caso concreto, a Sandra se le notifica la resolución sancionadora el día 16 de mayo de 2018, y el plazo para la interposición del recurso contencioso administrativo es de dos meses, según el artículo 46.1 de la LJCA.

Es cierto que la notificación indica que el plazo es de un mes, pero el plazo lo establece la Ley, no el acto administrativo. En este sentido, hay que indicar que, en ocasiones, las Administraciones informan de forma errónea, o directamente no informan, de los recursos que proceden contra los actos administrativos y de los plazos. Esto supone, por parte de la Administración, el incumplimiento de la obligación legal prevista en el artículo 40.2 de la LPAC.

En tales casos, la jurisprudencia aplica el principio *pro actione*, y sanciona el incumplimiento por parte de la Administración de su obligación legal de informar de los recursos procedentes y plazos admitiendo los recursos contenciosos, aunque sean extemporáneos o no estén dirigidos al órgano competente, tal y como regula el artículo 40.3 de la LPAC, a fin de evitar la indefensión material de los recurrentes.

En nuestra práctica, puesto que la Administración informa de un plazo de un mes, cuando en realidad son dos meses, no se produce ninguna indefensión material, por lo que el defecto en la indicación de los recursos procedentes resulta irrelevante.

Como el plazo comienza el día 16 de mayo de 2018, en principio termina el día 16 de julio de 2018, que es lunes. Lo que sucede es que en el ámbito procesal se aplica el artículo 135.5 de la LEC, que regula el conocido como «día de gracia».

Esto es, el escrito inicial de recurso contencioso administrativo podrá presentarse hasta las quince horas del día hábil siguiente al del vencimiento del plazo. Por lo que el escrito se puede presentar el día 17 de julio de 2018 (martes), hasta las 15 horas.

Por último, es importante indicar que el conocido como día de gracia se aplica únicamente en el ámbito jurisdiccional, pero nunca ante la Administración. De ahí la importancia, antes destacada, de tener en cuenta cuándo estamos ante un plazo administrativo y cuándo ante un plazo jurisdiccional, ya que las reglas, se reitera, son distintas.

ACTIVIDAD 2

a) Para conocer cuál es el plazo para la interposición de un recurso de reposición contra una liquidación tributaria, como veíamos en la Actividad anterior, lo primero que hay que tener en cuenta es que, como es un acto administrativo, se aplican las normas administrativas.

Ahora bien, dentro de las normas administrativas hay que distinguir las reglas generales previstas en las leyes 39 y 40 de 2015, y las reglas especiales de determinados ámbitos sectoriales, como, por ejemplo, el tributario.

Las reglas tributarias son especiales, y, por tanto, desplazan a las normas administrativas generales, que serán, no obstante, de aplicación subsidiaria.

Por tanto, para el cómputo del plazo, hay que tener en cuenta la Ley 58/2003, cuyo artículo 223.1 establece que el plazo para la interposición del recurso de reposición es de un mes a contar desde la notificación del acto recurrible.

A Sandra Pérez, como administradora única y representante legal de MercaSandra SL, se le notificó el día 22 de febrero de 2021 la liquidación tributaria a través del sistema de notificaciones electrónicas, en su Dirección Electrónica Habilitada.

Las notificaciones electrónicas están reguladas por la Ley 11/2007, que en el ámbito tributario ha sido objeto de desarrollo reglamentario a través del Real Decreto 1363/2010, de 29 de octubre, por el que se regulan supuestos de notificaciones y comunicaciones administrativas obligatorias por medios electrónicos en el ámbito de la Agencia Estatal de Administración Tributaria.

De acuerdo con estas normas, la mercantil MercaSandra SL está obligada a recibir notificaciones electrónicas. Y si no accedió a su buzón, entonces el artículo 28.3 de la Ley 11/2007 dispone que:

> «Cuando, existiendo constancia de la puesta a disposición transcurrieran diez días naturales sin que se acceda a su contenido, se entenderá que la notificación ha sido rechazada.»

Esto es, que se tiene por notificada la resolución una vez transcurridos diez días desde que fue puesta a su disposición en la Dirección Electrónica Habilitada.

Cuando una notificación se considera rechazada, el artículo 41.5 de la LPAC dispone que «dará por efectuado el trámite» y continuará el procedimiento, por lo que el efecto del rechazo de una notificación, bien por no acceder a la misma si es electrónica, bien por no querer recogerla si es en papel, es que se tiene por notificado el acto de que se trate.

De tal forma que como la liquidación tributaria fue puesta a disposición de MercaSandra SL el día 22 de febrero de 2021, se tiene por notificada la liquidación el día 4 de marzo de 2021, esto es, transcurridos diez días naturales desde la puesta a disposición de la notificación.

A partir de ese momento (día 4 de marzo de 2021), Sandra dispone de un mes para interponer recurso de reposición, por lo que el último día para el recurso de reposición, inicialmente, sería el día 4 de abril de 2021. Aunque al ser domingo el día 4 de abril de 2021, el plazo vencería el día 5 de abril de 2021 (lunes) por ser el día hábil posterior.

b) Para la interposición de la reclamación económico-administrativa el cómputo del plazo es idéntico, al ser también un plazo de un mes conforme al artículo 235.1 de la LGT.

Por lo que el último día en que se podría interponer la reclamación económico administrativa sería el día 5 de abril de 2021 (lunes).

Finalmente, como indica el supuesto de hecho, Sandra recibió la notificación de la misma liquidación tributaria por dos vías: electrónica y no electrónica.

En estos casos, el artículo 41.7 de la LPAC dispone que «cuando el interesado fuera notificado por distintos cauces, se tomará como fecha de notificación la de aquella que se hubiera producido en primer lugar».

En el mismo sentido el artículo 3.3 del Real Decreto 1363/2010, de 29 de octubre, antes citado, establece que, si «la Agencia Estatal de Administración Tributaria llegara a practicar la comunicación o notificación por medios electrónicos y no electrónicos, se entenderán producidos todos los efectos a partir de la primera de las comunicaciones o notificaciones correctamente efectuada».

De tal forma que resulta irrelevante la segunda notificación, la que tuvo lugar por correo postal el día 16 de marzo de 2021.

Es importante recordar que la interposición de un recurso o reclamación económico-administrativa en plazo es una cuestión capital, ya que de interponerse de forma extemporánea la Administración procederá de forma inexorable a inadmitir el recurso o reclamación y el acto administrativo devendrá en firme y consentido, y, por tanto, inatacable.

ACTIVIDAD 3

a) En el caso del recurso de reposición contra la sanción, al intervenir Sandra como persona física o empresaria individual, en el ejercicio de una actividad profesional que no requiere la colegiación obligatoria, no está obligada a recibir las notificaciones electrónicas (art. 14 de la LPAC).

El recurso de reposición se podrá presentar por Sandra directamente, o por su representante, y podrá hacerlo por vía electrónica o en formato papel.

En este último caso, resulta de aplicación el artículo 16.4 de la LPAC, que dispone que los documentos que los interesados dirijan a los órganos de las Administraciones Públicas podrán presentarse en las oficinas de Correos, en las representaciones diplomáticas u oficinas consulares de España en el extranjero, en las oficinas de asistencia en materia de registros o en cualquier otro que establezcan las disposiciones vigentes.

En todo caso, los documentos presentados de manera presencial ante las Administraciones Públicas deberán ser digitalizados, pero esto es algo que atañe a las Administraciones, no a Sandra.

b) En el caso del recurso contencioso administrativo, la competencia objetiva corresponde al Juzgado de lo Contencioso-administrativo, según el artículo 8 de la Ley de la Jurisdicción Contencioso Administrativa (LJCA).

La competencia territorial le corresponde al Juzgado de lo Contencioso de Salamanca, de acuerdo con el artículo 14 de la LJCA, ya que se impugna un acto administrativo del Ayuntamiento de Salamanca.

En este caso, por tanto, al tratarse de una actuación ante un órgano unipersonal, será necesaria la intervención de Abogado, pero no de Procurador (art. 23 de la LJCA).

El procedimiento a seguir será el abreviado (art. 78 LJCA), que se iniciará directamente por demanda que deberá ser presentada a través del sistema Lexnet.

c) Finalmente, la reclamación económico-administrativa, que es necesario interponer para poder agotar la vía administrativa en el ámbito tributario, deberá presentarse ante el Tribunal Económico Administrativo Regional (TEAR) de Castilla y León.

Aunque por tradición se denominen «Tribunales», en realidad son órganos administrativos (económico-administrativos), que tienen autonomía funcional dentro de la Administración, pero que forman parte de ella y, por tanto, no son órganos jurisdiccionales ni integrantes del poder judicial.

Para la presentación de reclamaciones económico-administrativas no es necesaria la asistencia de Letrado, por lo que el escrito lo podrá presentar Sandra, como administradora de MercaSandra SL, u otra persona que represente a la entidad.

Esta reclamación económico-administrativa deberá presentarse de forma electrónica, pues el artículo 235.5 de la Ley General Tributaria (LGT) obliga a la interposición de la reclamación a través de la sede electrónica del órgano que haya dictado el acto reclamable cuando los reclamantes estén obligados a recibir por medios electrónicos las comunicaciones y notificaciones.

ACTIVIDAD 4

a) En materia de ejecución de actos administrativos, la regla general está recogida en el artículo 98.1 de la LPAC, que dispone que «los actos de las Administraciones Públicas sujetos al Derecho Administrativo serán inmediatamente ejecutivos».

Como excepción a esa regla general, el propio precepto recoge que no serán inmediatamente ejecutivos los actos de naturaleza sancionadora contra los que quepa «algún recurso en vía administrativa, incluido el potestativo de reposición».

Por tanto, la interposición de recurso de reposición supone que la sanción impuesta no pueda ser ejecutada.

Ahora bien, una vez resuelto el recurso de reposición, y agotada la vía administrativa, la sanción será ejecutiva.

La mera o simple interposición de recurso contencioso administrativo no supone la suspensión de la ejecución de la sanción. Por lo que en caso de que interese la suspensión del abono de la multa, es necesario que se solicite como medida cautelar al órgano judicial, mediante otrosí.

Las medidas cautelares (reguladas en los arts. 129 a 136 de la LJCA), se adoptan en estos casos por los órganos judiciales, que mediante Auto pueden suspender la ejecución de la sanción, pero se exige, por lo general, una garantía o caución. De tal forma que la suspensión de la sanción queda condicionada a que se garantice el pago de la multa en caso de desestimación del recurso contencioso interpuesto.

En conclusión, en vía administrativa los actos de naturaleza sancionadora quedan suspendidos de forma automática mientras no se agote la vía administrativa, lo que supone una excepción a la regla general de que los actos administrativos son inmediatamente ejecutivos.

Hay que tener en cuenta que, con carácter general, la interposición de recursos administrativos (reposición o alzada) tampoco suspende la ejecución de los actos administrativos, ya que así lo regula el artículo 117.1 de la LPAC cuando afirma que «la interposición de cualquier recurso, excepto en los casos en que una disposición establezca lo contrario, no suspenderá la ejecución del acto impugnado». Los procedimientos sancionadores, como se ha visto, son una excepción.

Ahora bien, una vez agotada la vía administrativa solo se puede suspender la ejecución de un acto de naturaleza sancionadora mediante una solicitud de medida cautelar ante un órgano judicial. Y en este caso la suspensión no es automática, ya que no basta la interposición del recurso contencioso administrativo, sino que, además, hay que solicitar expresamente la adopción de la medida cautelar que, por lo general, quedará condicionada a la prestación de garantía o caución que asegure el pago de la multa en caso de desestimación del recurso.

b) Si Sandra interpone recurso de reposición contra la liquidación girada, ¿queda suspendido el pago de la misma? ¿Y si interpone reclamación económico administrativa?

Como antes hemos señalado, la regla general es la inmediata ejecución de los actos administrativos, con la excepción de los actos sancionadores, y esta regla general no cambia en el ámbito tributario.

Así, el artículo 224 de la Ley 58/2003 regula la suspensión de la ejecución de los actos tributarios recurridos en reposición, y establece que la interposición de recurso no suspende la ejecución del acto, salvo que se garantice el importe de dicho acto, los intereses de demora que genere la suspensión y los recargos que procederían en caso de ejecución de la garantía. Esta suspensión, en caso de que se aporte la garantía, será automática, esto es, la Administración tributaria está obligada a acordar la suspensión siempre que se preste la garantía.

En el ámbito económico administrativo sucede igual. Al ser la liquidación del Impuesto de Sociedades un acto tributario no sancionador, la regla general es la ejecutividad del acto administrativo, por lo que el artículo 233 de la LGT exige la aportación de una garantía para la suspensión de la liquidación.

En cualquier caso, si se tratase de una sanción, la interposición de la reclamación económico administrativa sí produciría la suspensión de la ejecución de la misma sin necesidad de prestar garantía.

c) Imagina que Sandra, además de su actividad comercial, es funcionaria de carrera. ¿Afectaría su condición de empleada pública al régimen de notificaciones?

No, ya que el artículo 14.2.*e*) de la LPAC solo exige las notificaciones electrónicas a los empleados de las Administraciones Públicas para los trámites y actuaciones que realicen con ellas «por razón de su condición de empleado público».

De tal forma que como Sandra ejercita su actividad comercial al margen de su condición de empleada pública, y no interviene como empleada pública en su actividad comercial privada, resulta indiferente que ostente la condición de funcionaria.

La obligación de los empleados públicos de recibir notificaciones electrónicas es únicamente para las actuaciones que realicen «por razón de su condición de empleados públicos», no para sus actividades privadas.

SOLUCIONES A LAS PREGUNTAS TEST DEL CASO PRÁCTICO 7

1	2	3	4	5
c	d	b	a	c

PARA SABER MÁS…

González Ferrer, Alberto; Ruiz Gallud, Salvador: *La suspensión de la ejecución de los actos administrativos tributarios en la vía administrativa y contencioso-administrativa*, Ediciones Francis Lefebvre, Barcelona, 2020.

CASO PRÁCTICO 8

ACTIVIDAD 1

En primer lugar, en este caso, el acto administrativo a tener en cuenta es el decreto de alcaldía, de 15 de noviembre de 2019, que contiene dos pronunciamientos de la administración; por un lado, la incoación de un procedimiento disciplinario, y por otro, la adopción de una medida cautelar.

La medida cautelar de suspensión provisional de funciones que se adopta es un acto de trámite cualificado, de acuerdo con el artículo 112.1 de la LPAC, del Procedimiento Administrativo Común de las Administraciones Públicas, ya que puede producir indefensión o perjuicio irreparable a derechos e intereses legítimos.

No lo es en cambio el acuerdo de inicio del procedimiento disciplinario, que se considera un acto de trámite simple porque no prejuzga, ni decide directa ni indirectamente sobre el asunto, no pone fin al procedimiento administrativo ni hace imposible su continuación.

Por lo tanto, tiene razón el hermano de Laura y la adopción de la medida cautelar es un acto administrativo que se puede impugnar, de conformidad con el artículo mencionado que dispone que «Contra las resoluciones y los actos de trámite, si estos últimos deciden directa o indirectamente el fondo del asunto, determinan la imposibilidad de continuar el procedimiento, producen indefensión o perjuicio irreparable a derechos e intereses legítimos, podrán interponerse por los interesados los recursos de alzada y potestativo de reposición, que cabrá fundar en cualquiera de los motivos de nulidad o anulabilidad previstos en los artículos 47 y 48 de esta Ley. La oposición a los restantes actos de trámite podrá alegarse por los interesados para su consideración en la resolución que ponga fin al procedimiento.»

En segundo lugar, es claro que el hermano de Laura no es interesado en el procedimiento administrativo, ya que no se encuentra en ninguno de los supuestos contemplados en el artículo 4 de la LPAC.

Sí podría, en cambio, presentar el escrito de recurso en representación de Laura, tal y como prevé el artículo 5 de la misma Ley. En concreto, como se trata de interponer un recurso, esta representación debe estar acreditada y no se presume, de acuerdo con lo establecido en el apartado 3 del mismo artículo: «Para formular solicitudes, presentar declaraciones responsables o comunicaciones, interponer recursos, desistir de acciones y renunciar a derechos en nombre de otra persona, deberá acreditarse la representación.»

Para acreditar esta representación se podrá valer de cualquier medio válido en Derecho que deje constancia fidedigna, incluida la representación realizada mediante apoderamiento *apud acta* efectuado por comparecencia personal o comparecencia electrónica en la correspondiente sede electrónica, entre otros.

En todo caso, si no acredita la representación en el momento de presentar el recurso administrativo, esto no impedirá que se pueda realizar el trámite, pero tendrá que subsanar el defecto del plazo de diez días que deberá conceder al efecto el órgano administrativo, o de un plazo superior cuando las circunstancias del caso así lo requieran, de conformidad con el artículo 5.6.

ACTIVIDAD 2

Por un lado, tal y como se ha indicado en la Actividad anterior, en virtud del artículo 112 de la LPAC, Laura puede interponer un recurso administrativo ordinario, es decir, un recurso de alzada o un recurso potestativo de reposición.

En concreto, visto que el acto no es firme, puede interponer, potestativamente, un recurso de reposición, de conformidad con el artículo 123.1 de la LPAC, ya que los actos del alcalde ponen fin a la vía administrativa, tal y como indica el artículo 52 de la Ley 7/1985, de 2 de abril, Reguladora de las Bases del Régimen Local.

El plazo para interponer el recurso administrativo será de un mes, a contar desde el día siguiente al de la notificación, de conformidad con el artículo 124.1 de la LPAC, en relación con el artículo 30.4 de la misma ley. Pero el plazo para interponer el recurso finalizará el mismo día de la notificación en el mes que vence el plazo y no el día siguiente al de la notificación.

Por otro lado, en lo que se refiere a la fundamentación jurídica, siempre se tendrá que fundar en una causa de nulidad o anulabilidad, de las previstas en los artículos 47 y 48 de la LPAC, tal y como indica el mismo artículo 112.

En este supuesto, se debe tener en cuenta lo que dispone la normativa específica de las policías locales en Cataluña, es decir, la Ley 16/1991, de 10 de julio. En concreto, el artículo 56.1 establece que la suspensión provisional solamente puede acordarse inicialmente por un plazo de un mes, acabado el cual, puede prorrogarse por otro mes, y así sucesivamente hasta un plazo máximo de seis meses, salvo cuando el expediente, por causa imputable al expedientado, dure más de seis meses y hasta que se dicte una resolución definitiva como consecuencia de un procedimiento judicial penal.

Por lo tanto, la medida cautelar acordada, que establece una suspensión provisional sin plazo concreto, contraviene una disposición legal, y por lo tanto se ha dictado prescindiendo total y absolutamente del procedimiento legalmente establecido, y sería nula de pleno derecho, de conformidad con el artículo 47.1.*e*) de la LPAC.

También se podría alegar anulabilidad en el caso que la adopción de la medida no fuera motivada en la necesidad y oportunidad, en virtud del artículo 48 de la misma Ley de procedimiento administrativo común de las administraciones públicas.

ACTIVIDAD 3

Laura puede dirigirse a la jurisdicción contencioso administrativa, de acuerdo con lo que disponen el artículo 24 de la Ley Orgánica 6/1985, de 1 de julio, del Poder Judicial, y el artículo 1 de la LPAC, que dispone que los Juzgados y Tribunales del orden contencioso-administrativo conocerán de las pretensiones que se deduzcan en relación con la actuación de las Administraciones públicas sujeta al Derecho Administrativo de las entidades que integran la Administración local; pero hay que tener en cuenta lo que se expone a continuación.

El plazo que dispone el Ayuntamiento para dictar y notificar la resolución del recurso de reposición también es de un mes, y deberá hacerlo en ese plazo y ser resuelto por el mismo órgano que lo ha dictado, en virtud del artículo 124.2 de la LPAC.

Laura debe esperar que finalice el plazo que tiene la Administración para resolver el recurso administrativo y no podrá interponer un recurso contencioso administrativo ante el órgano judicial competente hasta que transcurra este plazo, tal y como prevé el artículo 123.2 de la misma Ley.

En el mismo sentido lo prevé el artículo 46.1 y 4 de la LJCA, que indica que el recurso contencioso administrativo se interpone contra los actos que ponen fin a la vía administrativa y que el plazo para interponerlo se contará desde el día siguiente a aquel en que se notifique la resolución expresa del recurso potestativo de reposición o en que este deba entenderse presuntamente desestimado.

También se deduce del artículo 25 de la LJCA, que regula que el recurso contencioso-administrativo es admisible en relación con los actos expresos y presuntos de la Administración pública que pongan fin a la vía administrativa, ya sean definitivos o de trámite, si estos últimos deciden directa o indirectamente el fondo del asunto, determinan la imposibilidad de continuar el procedimiento, producen indefensión o perjuicio irreparable a derechos o intereses legítimos.

Por lo tanto, si presentara el recurso contencioso-administrativo antes de finalizar el plazo para resolver en vía administrativa, sería inadmitido a trámite, de conformidad con el artículo 51.1.*c*) de la LJCA.

Respecto a la postulación procesal en la jurisdicción contencioso-administrativa, debemos recurrir al artículo 23 de la LJCA. Según este artículo, debemos diferenciar si estamos ante un órgano unipersonal o colegiado.

Según el artículo 23.1, ante órganos unipersonales, las partes podrán conferir su representación a un Procurador y serán asistidas, en todo caso, por Abogado;

y en virtud del apartado 2 del mismo artículo, ante órganos colegiados, las partes deberán conferir su representación a un Procurador y ser asistidas por Abogado.

Como en el supuesto de hecho, el órgano judicial competente es el Juzgado de lo Contencioso-administrativo, Laura podrá conferir su representación a un procurador y ser asistida, en todo caso, por abogado. Por lo tanto, la representación a través de procurador es potestativa. Si se confiere la representación al abogado, se tendrán que notificar a este las actuaciones.

Sin embargo, también hay que tener en cuenta que Laura es funcionaria de carrera y podría comparecer por sí misma, según el apartado 3 del artículo 23, en defensa de sus derechos estatutarios ya que el procedimiento disciplinario es una cuestión de personal, que, en este caso concreto, no implica la separación del servicio.

ACTIVIDAD 4

Estimada Sra. Martínez,

Mi nombre es Juan M. y he recibido el encargo de responder a la consulta que usted ha planteado a nuestro bufete en relación con la impugnación de una medida cautelar adoptada en el marco de un procedimiento disciplinario.

Tal y como constan en los antecedentes aportados, el 15 de noviembre de 2019, el alcalde del Ayuntamiento de Villagrande ha dictado una resolución acordando el inicio de un procedimiento disciplinario y la adopción de una medida cautelar de suspensión provisional *de funciones, con pérdida de retribuciones, hasta que finalice el procedimiento disciplinario.*

Contra el acuerdo de adopción de la medida cautelar, usted ha presentado un recurso de reposición, en tiempo y forma, pero transcurrido el plazo legal de un mes para resolverlo, el Ayuntamiento no ha dictado resolución expresa alguna.

Por un lado, ante esta falta de resolución expresa, efectivamente, podemos interponer un recurso contencioso administrativo, en un plazo de seis meses a contar desde el día siguiente en que se produjo el acto presunto desestimatorio de su recurso, es decir a partir del día siguiente en que finalizó el mes para resolver el recurso administrativo que usted presentó, tal y como prevé el artículo 46.1 de la Ley 29/1998, de 13 de julio.

Sin embargo, se debe tener en cuenta la doctrina del Tribunal Constitucional, recogida, entre otras, en la Sentencia n.º 52/2014, de 10 de abril, según la cual se debe admitir el recurso, aunque este se interponga con posterioridad a los seis meses, porque al no existir una respuesta expresa, ha de interpretarse que el plazo continúa abierto.

Por lo tanto, podemos ir a la vía judicial y recurrir la desestimación presunta del recurso administrativo interpuesto contra el acuerdo de suspensión provisional de funciones, sin tener en cuenta un plazo concreto.

Por otro lado, y respondiendo a la segunda pregunta planteada, una vez interpuesto el recurso contencioso-administrativo, el procedimiento judicial se sustanciará por los trámites del procedimiento abreviado, atendiendo al hecho que estamos ante una cuestión litigiosa que versa sobre un tema de personal.

Este procedimiento se caracteriza por la oralidad, la inmediación y la concentración de trámites, y a priori, *no se extenderá tanto en el tiempo. En este sentido, las fases del procedimiento judicial pueden reducirse y los actos procesales se concentran en un solo acto que es la vista oral.*

En primer lugar, desde el bufete presentaremos directamente la demanda y el órgano judicial reclamará el expediente administrativo al Ayuntamiento, del cual se dará traslado a las partes para que puedan hacer alegaciones en el acto de vista oral.

Sin embargo, cabe la posibilidad que el acto de vista oral no se celebre, si lo solicitamos previamente, y, en este caso, la Administración responderá la demanda por escrito. Aunque es posible que la Administración se oponga a nuestra petición y solicite que esta vista sí se celebre. En todo caso, valoraremos las opciones y posibilidades antes de la interposición de la demanda y en función de cómo se desarrollen las actuaciones.

Si se lleva a cabo la vista oral, defenderemos nuestras pretensiones y, si lo vemos necesario, solicitaremos la práctica de prueba; después de la fase de prueba, en el trámite final de conclusiones, sintetizaremos las pretensiones en base a los hechos probados e incidiremos en la ilegalidad y la desproporción de la medida cautelar. Aunque también existe la posibilidad de que este trámite procesal no se realice.

En todo caso, se lleve a cabo o no la vista oral y las conclusiones, la sentencia se dictará en un plazo breve.

Espero haber respondido a sus preguntas y quedo a su disposición para cualquier aclaración.

Aprovecho para saludarla atentamente,

Juan M.

SOLUCIONES A LAS PREGUNTAS TEST DEL CASO PRÁCTICO 8

1	2	3	4	5
b	d	c	c	a

PARA SABER MÁS...

— Sentencia del Tribunal Superior de Justicia de Cataluña, de 16 de enero de 1998 (recurso 1682/1997, de protección de derechos fundamentales), FJ 4.º y 6.º, sobre la adopción de una medida cautelar sin límite temporal.

— Sentencia del Tribunal Superior de Justicia de Cataluña, de 14 de junio de 2016 (recurso 36/2016), FJ 3.º y 5.º, sobre actos de trámite, ampliación de recurso administrativo y los aspectos procedimentales ante una posible inadmisión del recurso contencioso administrativo.

— Sentencia del Tribunal Supremo de 10 de marzo de 2005 (recurso de casación 3479/2001) sobre la causa inadmisión de un recurso contencioso por no agotar la vía administrativa.

— Sentencia del Tribunal Superior de Castilla y León, de 18 de junio de 2002 (recurso de apelación 130/01), sobre la doctrina en relación con la adopción de medidas cautelares en expedientes disciplinarios.

MARINA JALVO, Belén: *El régimen disciplinario de los funcionarios públicos*, Aranzadi, Pamplona, 2015.

CASO PRÁCTICO 9

ACTIVIDAD 1

Apreciado Sr. X (responsable de la empresa El Corredor Mediterráneo),

Doy respuesta a su correo electrónico de hoy sobre la inspección llevada a cabo en su empresa esta mañana. Me referiré en primer lugar a la solicitud de copia de la denuncia; y en segundo lugar, a la negativa a facilitar información al inspector.

1. Sobre la solicitud de copia de la denuncia.

*En primer lugar, en cuanto a si el inspector de la Junta de Andalucía estaba obligado a facilitar una copia de la denuncia, debe indicarse lo siguiente. Es cierto que el artículo 53.1.*a*) de la Ley 39/2015, de 1 de octubre, del Procedimiento Administrativo Común de las Administraciones Públicas (en adelante, LPAC) reconoce el derecho de los interesados en los procedimientos a conocer el estado de tramitación y a obtener copia de los documentos que obran en dicho procedimiento. Ahora bien, debe precisarse que en el marco de la información previa no pueden hacerse valer todavía los derechos del interesado en el procedimiento, puesto que no se ha iniciado aún dicho procedimiento.*

En efecto, el período de información previa o de actuaciones previas está regulado en el artículo 55 de la LPAC, y están configuradas como unas actuaciones que se llevan a cabo «con anterioridad al inicio del procedimiento [...] con el fin de conocer las circunstancias del caso concreto y la conveniencia o no de iniciar el procedimiento [...].

Las actuaciones previas serán realizadas por los órganos que tengan atribuidas funciones de investigación, averiguación e inspección en la materia y, en defecto de éstos, por la persona u órgano administrativo que se determine por el órgano competente para la iniciación o resolución del procedimiento.»

Así, en esta fase o período de información previa, los órganos que tienen atribuidas funciones de investigación, indagación e inspección en la materia llevan a cabo un conjunto de actuaciones que no constituyen estrictamente un procedimiento administrativo, dado que no siguen necesariamente las fases conocidas de iniciación, instrucción y resolución. Y precisamente por esta razón de no tener la naturaleza de un procedimiento administrativo en sentido estricto, durante la tramitación de estas actuaciones preliminares no surge la figura de persona interesada, ni se pueden invocar por lo tanto los derechos reconocidos a esa persona. Es por ello que la empresa no podía invocar el derecho de acceso al expediente para obtener una copia de la documentación obrante en dichas actuaciones, como podía ser la denuncia recibida por la Junta de Andalucía y que había derivado en dichas actuaciones de inspección.

2. *Sobre la negativa a facilitar información al inspector.*

En segundo lugar, en cuanto a la conducta del empleado ante los requerimientos de información efectuados por el personal inspector de la Junta de Andalucía, debe tenerse en cuenta lo previsto en el artículo 18 de la LPAC. Dicho precepto, bajo la rúbrica de «Colaboración de las personas», dispone en su apartado primero lo siguiente:

> *«Las personas colaborarán con la Administración en los términos previstos en la Ley que en cada caso resulte aplicable, y a falta de previsión expresa, facilitarán a la Administración los informes, inspecciones y otros actos de investigación que requieran para el ejercicio de sus competencias, salvo que la revelación de la información solicitada por la Administración atentara contra el honor, la intimidad personal o familiar o supusieran la comunicación de datos confidenciales de terceros de los que tengan conocimiento por la prestación de servicios profesionales de diagnóstico, asesoramiento o defensa, sin perjuicio de lo dispuesto en la legislación en materia de blanqueo de capitales y financiación de actividades terroristas.»*

Existe pues una obligación general de colaborar con los servicios de inspección, y facilitar a su personal toda la información que requieran en el ejercicio de sus funciones, salvo en unos casos muy concretos previstos en el precepto transcrito, que no se darían en la documentación requerida por el inspector de la Junta. En efecto, en la documentación requerida figuraría información vinculada a personas físicas identificadas, concretamente los trabajadores conductores de la empresa y los tiempos de conducción de cada uno de ellos. Dicha información encaja en el concepto «dato personal» según la definición prevista en el artículo 4 del Reglamento (UE) 2016/679 del Parlamento Europeo y del Consejo, de 27 de abril de 2016, relativo a la protección de las personas físicas en lo que respecta al tratamiento de datos personales y a la libre circulación de estos datos y por el que se deroga la Directiva 95/46/CE (RGPD). Ahora bien, tal información no atenta contra el honor, ni la intimidad personal, ni encaja en ningún otro de los supuestos en que el artículo 18 de la LPAC restringe el deber de colaboración con la inspección.

Por otra parte, debe acudirse también a la legislación sectorial aplicable, concretamente la Ley 16/1987, de 30 de julio, de Ordenación de los Transportes Terrestres (LOTT), que en su artículo 33 dispone lo siguiente:

«3. Los titulares de los servicios y actividades a los que se refiere la presente ley, los titulares de empresas en cuyas instalaciones se realicen actividades de transporte terrestre o relacionadas con el mismo, así como quienes ocupen la posición de cargador o remitente, mero expedidor o destinatario o consignatario en un transporte de mercancías, los usuarios de un transporte de viajeros y, en general, las personas afectadas por sus preceptos vendrán obligadas a facilitar al personal de la Inspección del Transporte Terrestre, en el ejercicio de sus funciones, la inspección de sus vehículos e instalaciones y el examen de los documentos, libros de contabilidad, facturas, títulos de transporte y datos estadísticos que estén obligados a llevar, así como cualquier otra información relativa a las condiciones de prestación de los servicios realizados que resulte necesaria para verificar el cumplimiento de las obligaciones contenidas en la legislación de transportes. Dicha obligación alcanzará, en todo caso, a todos aquellos libros, documentos de gestión, control o estadísticas cuya cumplimentación o llevanza obligatoria venga establecida por la normativa económica, fiscal, social y laboral o medioambiental que resulte de aplicación a los sujetos anteriormente señalados. [...]

A tal efecto, los servicios de inspección podrán recabar la documentación precisa para el mejor cumplimiento de su función en la propia empresa o bien requerir la presentación de dicha documentación en las oficinas públicas correspondientes [...]

Cuando la documentación que se solicite sea la acreditativa del cumplimiento de las obligaciones relativas a los tiempos de conducción y descanso de los conductores, la empresa no podrá excusarse de aportarla por la ausencia del empresario o la persona responsable de su llevanza o custodia.»

Es verdad que la Constitución Española reconoce el derecho a la inviolabilidad del domicilio en su artículo 18.2, y que este derecho fundamental se ha ampliado también a supuestos de personas jurídicas si la información requerida afecta a lo que sería el núcleo de dirección empresarial. En tal supuesto la jurisprudencia ha reconocido la exigencia de autorización judicial si no se cuenta con el consentimiento del interesado o de su representante.

Ahora bien, en el caso planteado existen unas previsiones muy específicas tanto en la legislación general (art. 18 de la LPAC) como en la legislación sectorial (art. 33 de la LOTT), en las que se impone la obligación de atender los requerimientos de inspección, especialmente en todo lo relativo a la información sobre el control de los tiempos de conducción y descanso. Además, la conducta consistente en no facilitar dicha información está expresamente tipificada como muy grave en el artículo 140.12 de la LOTT, como sigue:

> *«12. La negativa u obstrucción a la actuación de los Servicios de Inspección del Transporte Terrestre o de las fuerzas encargadas de la vigilancia del transporte que imposibiliten total o parcialmente el ejercicio de las funciones que legal o reglamentariamente tengan atribuidas, así como la desatención total o parcial a sus instrucciones o requerimientos o el quebrantamiento de la orden de inmovilizar un vehículo.*
>
> *En todo caso, incurrirá en esta infracción toda empresa cuyos propietarios, empleados, auxiliares o dependientes nieguen o dificulten el acceso al personal de los servicios de inspección a los locales o vehículos en que obligatoriamente deba encontrarse depositada la documentación de la empresa o a dicha documentación.*
>
> *En los supuestos de requerimientos relativos al cumplimiento de la legislación sobre tiempos de conducción y descanso de los conductores, se considerará cometida una infracción distinta por cada vehículo o conductor del que no se aporte la documentación solicitada o se aporte de tal forma que imposibilite su control.»*

*En definitiva, que la Junta de Andalucía podría imputar a la empresa la comisión de la infracción muy grave prevista en el artículo 140.12 de la LOTT, y teniendo en cuenta que la información se refería a los 5 vehículos de la empresa, tal conducta podría implicar la imposición de una multa de un total de 30.000 euros, según lo previsto en el artículo 143.1.*i*) de la LOTT.*

Quedo a su disposición para cualquier aclaración adicional.

Saludos.

ACTIVIDAD 2

El Corredor Mediterráneo, empresa de transportes debidamente autorizada e inscrita en el Registro de empresas transportistas correspondiente, y cuyos datos identificativos son conocidos por la Junta de Andalucía,

EXPONE:

1. Que ha recibido la notificación del acuerdo de iniciación del procedimiento sancionador número XXX, de fecha 30 de junio de 2020.

2. Que ante dicho acuerdo de iniciación de procedimiento sancionador, formula las siguientes

ALEGACIONES:

1. Que en fecha 16 de diciembre de 2019 se llevó a cabo en la sede de la empresa un acto de inspección presencial por parte de personal del servicio de inspección de la Junta de Andalucía, sin previo aviso ni comunicación alguna.

2. Que al no tener conocimiento de dicha inspección, el personal responsable de la empresa estaba ausente, y tampoco no pudo dar las instrucciones correspondientes al personal administrativo de la empresa, con el fin que atendiera debidamente al personal del servicio de inspección.

3. Que el empleado que atendió al inspector de transportes era de muy reciente incorporación, y desconocía cuales eran sus obligaciones en tal situación. Además, atravesaba por una situación personal muy delicada que le impedía concentrarse debidamente en su trabajo, lo que habría comportado que no tuviera la conducta adecuada ante el inspector de transporte.

4. Que esta empresa siempre ha colaborado al máximo con los servicios de inspección, tal como pueden comprobar en sus registros y archivos.

5. Que en el pasado no se ha impuesto a esta empresa ninguna sanción por la comisión de infracciones a la legislación de transportes terrestres, lo que sin duda debe tenerse en cuenta en la valoración de los hechos imputados en el acuerdo de iniciación del presente procedimiento.

6. Que se considera pertinente la práctica de las pruebas que se indicaran en el apartado correspondiente, por entender que son relevantes para la resolución del procedimiento.

Por todo lo anterior,

SOLICITA

1. Que se admita este escrito de alegaciones al acuerdo de iniciación del procedimiento sancionador identificado en el encabezamiento de este escrito.

2. Que se acuerde la apertura de un período de prueba, y que se practiquen las pruebas que se proponen a continuación, todo ello de conformidad con el artículo 77 de la LPAC:

2.1. Testifical del empleado Sr. X, que atendió al inspector de la Junta de Andalucía en fecha 16 de diciembre de 2019.

2.2. Certificación de la información que consta en los Registros de la Junta de Andalucía sobre los antecedentes de infracciones y sanciones a nombre de la empresa Corredor del Mediterráneo.

Almería, a 10 de julio de 2020

Fdo.:….

ÓRGANO INSTRUCTOR DEL PROCEDIMIENTO. DIRECCIÓN GENERAL DE MOVILIDAD DE LA JUNTA DE ANDALUCÍA.

ACTIVIDAD 3

Informe sobre los posibles defectos procedimentales y motivos que se podrían utilizar como argumentos de defensa en el procedimiento sancionador iniciado contra la empresa Corredor del Mediterráneo.

Antecedentes

1. En fecha 14 de enero de 2019 la Junta de Andalucía recibió una denuncia contra la empresa, que derivó en la apertura de una información previa.

2. En el marco de dicha información previa, en fecha 16 de diciembre de 2019 se llevó a cabo una inspección en las dependencias de la empresa, en las que el inspector de la Junta de Andalucía solicitó documentación diversa, que no fue facilitada por el empleado que lo atendió.

3. En fecha 30 de junio de 2020 se dictó acuerdo de iniciación de procedimiento sancionador contra la empresa, en la que se imputa la comisión de una infracción muy grave, si bien se anuncia la posibilidad de imposición de hasta 5 sanciones, una por cada vehículo de la empresa.

Fundamentos de derecho

1. Sobre el posible incumplimiento de plazos.

La primera cuestión a plantearse es la posibilidad de existencia de prescripción de la infracción imputada. Al respecto, debe descartarse porque la fecha de inicio del cómputo del plazo de prescripción no es el de la fecha de la denuncia, sino el de la comisión de la infracción imputada en el procedimiento, que sería la fecha de la inspección que es cuando se levantó el acta correspondiente, es decir el 16 de diciembre de 2019. Así pues, en la fecha de notificación del acuerdo de iniciación (3 de julio de 2020) no ha transcurrido el plazo de prescripción de un año, que es el previsto en la legislación sectorial (art. 145 de la LOTT), a la que se remite el artículo 30 de la Ley 40/2015, de 1 de octubre, de Régimen Jurídico del Sector Público (en adelante, LRJSP).

Según lo previsto en el artículo 30.2 de la LRJSP, con la notificación del acuerdo de iniciación del procedimiento se interrumpe el cómputo del plazo de prescripción de la infracción, reiniciándose el cómputo de dicho plazo si el expediente sancionador estuviera paralizado durante más de un mes por causa no imputable a la empresa. En todo caso, teniendo en cuenta que el plazo máximo de tramitación del procedimiento es también de un año, tal circunstancia descarta que pueda prescribir la infracción si el procedimiento se tramita en el plazo máximo previsto.

2. Sobre la posible causa de abstención/recusación del instructor.

De conformidad con el artículo 63.1 de la LPAC, los procedimientos que regulan el ejercicio de la potestad sancionadora deberán establecer la debida separación entre la fase instructora y la sancionadora, correspondiente cada una de ellas a órganos diferentes. En el supuesto de hecho, sin embargo, no se plantea ningún problema ni entre las fases instructora y sancionadora ni entre los órganos encargados de cada una de ellas. Las dudas se plantean entre la fase instructora y una actividad administrativa previa: la fase de investigación y denuncia.

La garantía de separación del artículo 63 de la LPAC, sin embargo, no resulta de aplicación entre estas fases. Así se deduce del tenor literal del artículo y así lo ha aclarado expresamente, además, la STS de 3 de marzo de 2010, en la que se indicaba lo siguiente:

> *«En el segundo motivo de casación se denuncia por el Ayuntamiento que el nombramiento del instructor del expediente recayó en un funcionario que, por haber sido el denunciante de los hechos y debido a su dependencia jerárquica respecto del órgano decisor, carece de la exigible idoneidad e imparcialidad, de manera que por la Sala sentenciadora se han infringido los preceptos contenidos en los artículos 62.1, 127.1 y 134 de la Ley 30/1992 , de Régimen Jurídico de las Administraciones Públicas y del Procedimiento Administrativo Común, en relación con los artículos 35.*k*) de esta misma Ley, 24 y 103 de la Constitución.*
>
> *Este motivo de casación no puede prosperar porque el hecho de que el instructor designado por la Administración hubiese sido quien puso los hechos en conocimiento de ésta, no es un obstáculo para que sea nombrado instructor, ya que la garantía prevista en el artículo 134.2 de la Ley 30/1992 es la existencia de la debida separación entre la fase instructora y la sancionadora, que en este caso se ha producido, al ser el instructor un técnico adscrito al Patronato de la Reserva de Urdaibai, mientras que la decisión sancionadora la adoptó el Consejero de Ordenación del Territorio y Medio Ambiente.»*

3. Sobre los principios de la potestad sancionadora y del procedimiento sancionador, y en particular sobre la posibilidad de rebaja de la multa.

Desde la perspectiva del respeto a los principios de la potestad sancionadora y del procedimiento sancionador, se plantean dos cuestiones, que de algún modo están relacionadas entre sí, al incidir ambas en la cuantía total de la sanción y su posible rebaja.

Uno de los principios que rige en el ejercicio de la potestad sancionadora es el de proporcionalidad, consagrado en el artículo 29 de la LRJSP. Conforme a dicho precepto, en la imposición de las sanciones se deberá observar la debida idoneidad y adecuación a la gravedad del hecho constitutivo. En el presente supuesto se amenaza con la imposición de una sanción de hasta 30.000 euros, que es el importante resultante de la cuantía máxima prevista para el tipo de infrac-

ción muy grave que se imputa, multiplicado por los 5 vehículos afectados. Tal operación podría vulnerar el principio de proporcionalidad, puesto que el importe de la multa parece excesivo, además de aplicarse de entrada la cuantía máxima, sin argumentar las circunstancias agravantes que justificarían tal opción.

Por otra parte, puede cuestionarse la posible vulneración del principio de concurrencia de sanciones o de non bis in idem, *recogido en el artículo 31 de la LRJSP. Dicho precepto proscribe sancionar dos veces unos mismos hechos si se aprecia identidad del sujeto, hecho y fundamento. En el presente supuesto se pretende imponer 5 sanciones (una por cada vehículo), cuando la conducta imputada es solo una (obstrucción a la inspección), cometida por el mismo sujeto y en base al mismo fundamento, de modo que se daría la triple identidad exigida para apreciar la vulneración del principio consagrado en el artículo 31 de la LRJSP.*

Por último, también desde la perspectiva del importe de la multa, debería tenerse en cuenta la posibilidad de plantear la rebaja de la sanción, si durante la tramitación del procedimiento se reconoce la responsabilidad y por el pago avanzado, lo que puede comportar una rebaja significativa del importe final de la sanción. En concreto, tal reducción está prevista en el 30 por 100 en el artículo 146.3 de la LOTT, si bien debería exigirse la aplicación de la rebaja de hasta el 40 por 100, prevista con carácter general en el artículo 85 de la LPAC, siempre que se reconozca la responsabilidad y se pague la multa antes de dictarse la resolución del procedimiento.

Conclusión

No se observan defectos procedimentales que puedan comportar la invalidez de la resolución que se dicte en el procedimiento, ni desde la óptica del posible incumplimiento de plazos, ni tampoco sobre la supuesta falta de imparcialidad del órgano instructor. Por el contrario, desde la óptica de la posibilidad de conseguir una reducción al mínimo de la sanción final, deben tenerse en cuenta las cuestiones indicadas en el fundamento jurídico tercero.

Almería, a 10 de julio de 2020

Fdo.: Colegiado n.º XXX

ACTIVIDAD 4

El Corredor Mediterráneo, empresa de transportes debidamente autorizada e inscrita en el Registro de empresas transportistas correspondiente, y cuyos datos identificativos son conocidos por la Junta de Andalucía,

EXPONE:

1. Que se le ha dado traslado del recurso administrativo interpuesto por la persona denunciante contra la resolución dictada en el procedimiento sancionador número XXX, con el fin de formular las alegaciones que se estimen procedentes.

2. Que en oposición a las pretensiones que se sostienen en dicho recurso administrativo, la empresa aquí sancionada formula las siguientes

ALEGACIONES:

1. Que en fecha 14 de enero de 2019 la persona ahora recurrente formuló una denuncia contra esta empresa, por la supuesta vulneración de la normativa en materia de tiempos de conducción y descanso.

2. Que dicha denuncia desembocó en la apertura de una información previa, que a su vez derivó en la iniciación del procedimiento sancionador identificado en el encabezamiento de este escrito, que finalizó con la resolución sancionadora que ha sido objeto de recurso por la persona denunciante.

3. Que dicho recurso debe inadmitirse al carecer de legitimación el recurrente, de conformidad con el artículo 116.b) de la Ley 39/2015, de 1 de octubre, del Procedimiento Administrativo Común de las Administraciones Públicas (en adelante, LPAC). Al respecto, el artículo 62 de la LPAC, que regula la figura de la denuncia, dispone en su apartado 5.º que la presentación de una denuncia no confiere, por sí sola, la condición de interesado en el procedimiento. En tal previsión la LPAC ha recogido expresamente lo que ya era doctrina jurisprudencial consolidada.

En efecto, al no tener la persona denunciante la condición de persona interesada en el procedimiento, con carácter general no está legitimada para impugnar la resolución dictada en el procedimiento en qué hubiese derivado su denuncia. Así lo ha declarado la jurisprudencia de forma reiterada, de la que constituye un ejemplo la Sentencia del Tribunal Supremo de 1 de abril de 2014. Conforme a dicho criterio jurisprudencial, el denunciante adolece de falta de legitimación tanto para impugnar resoluciones de archivo o sobreseimiento, como resoluciones sancionadoras respecto las que el denunciante considera que la infracción imputada merece una multa más severa. Al respecto, la jurisprudencia argumenta que la eventual imposición de una sanción más elevada a la empresa infractora, no genera ningún beneficio en la esfera jurídica de la persona denunciante, por lo que carece de la legitimación exigida para la interposición del recurso.

Tan solo se ha aceptado legitimación al denunciante, si las pretensiones que formula no se refieren a la imposición de la multa o que esta sea más elevada, sino a la eventual imposición de medidas correctoras que tengan una afectación en los derechos del denunciante. También se ha reconocido tal legitimación si se impugnan resoluciones de archivo en las que la Administración no ha investigado de modo suficiente. En el caso aquí planteado no concurren dichos supuestos que sí podrían permitir, excepcionalmente, el reconocimiento de la legitimación al denunciante.

Por todo lo anterior,

SOLICITA

1. Que se admita este escrito de alegaciones en el trámite de traslado del recurso administrativo interpuesto por la persona denunciante.

*2. Que se declare la inadmisión del recurso interpuesto, en aplicación de la causa prevista en el artículo 116.*b*) de la LPAC.*

Almería, a 10 de julio de 2021

Fdo.:….

DIRECCIÓN GENERAL DE MOVILIDAD DE LA JUNTA DE ANDALUCÍA.

SOLUCIONES A LAS PREGUNTAS TEST DEL CASO PRÁCTICO 9

1	2	3	4	5
c	b	a	c	c

PARA SABER MÁS...

— Tribunal Superior de Justicia de Madrid 24/05/2006 —RC 219/2004— (Carácter confidencial información previa).

— Sentencia 232/2017, de 13 febrero, del Tribunal Supremo, Sala Tercera, de lo Contencioso-administrativo, Sección 3.ª, Rec. 3676/2014 (Obligación de atender requerimientos de inspección).

— Sentencia del Tribunal Supremo, de 1 de abril de 2014 (Referencia Aranzadi RJ\2014\2156); STS 28/1/2019 —RC 4580/2017—) (falta de legitimación del denunciante en el procedimiento sancionador).

GARBERÍ LLOBREGAT, José; BUITRÓN RAMÍREZ, Guadalupe: *El procedimiento administrativo sancionador: (comentarios, jurisprudencia y formularios)*, Tirant lo Blanch, 2016 (6.ª ed.).

GOSÁLBEZ PEQUEÑO, Humberto: *El procedimiento administrativo sancionador: (teoría y práctica)*, Dykinson, Madrid, 2013.

CASO PRÁCTICO 10

ACTIVIDAD 1

Apreciado Sr. X,

Doy cumplimiento a su petición de análisis de los posibles vicios en que podría incurrir la resolución sancionadora, y la viabilidad jurídica de un eventual recurso administrativo.

Primero de todo, en cuanto a la fecha límite para interponer el recurso administrativo correspondiente, le indico lo siguiente. La resolución sancionadora no agota la vía administrativa, por lo que puede impugnarse mediante recurso de alzada en el plazo máximo de un mes, a contar desde el día siguiente al de la notificación. Puesto que la notificación se practicó el 2 de julio de 2021, el plazo de un mes se inicia el día siguiente (3 de julio de 2021) pero finaliza el día coincidente con el ordinal del mes correspondiente, es decir el 2 de agosto de 2021, todo ello de conformidad con el artículo 30 de la Ley 39/2015, de 1 de octubre, del Procedimiento Administrativo Común de las Administraciones Públicas (en adelante, LPAC). Al respecto, debe precisarse que el mes de agosto es hábil, por lo que no existiría la posibilidad de demorar la interposición del recurso al mes de septiembre.

Sobre la cuestión relativa a la denegación de las pruebas propuestas en el escrito de alegaciones al acuerdo de iniciación, ciertamente podría ser un vicio determinante de anulabilidad, si se demuestra que dicha decisión generó indefensión, en el sentido que la falta de práctica de las pruebas impidió desplegar el derecho de defensa. Podría entenderse que la denegación de las pruebas se podría haber impugnado en el momento de notificarse, al considerarse un acto de trámite cualificado (art. 112 de la LPAC). Pero la falta de impugnación en aquel momento no impide impugnar la resolución del procedimiento, basada en el vicio procedimental indicado, sobre todo, si se tiene en cuenta que en la notificación de la inadmisión de las pruebas no se incluía lo que se conoce como «pie de recurso», es decir, toda la información sobre el recurso o recursos a interponer.

En cuanto a la circunstancia relativa al órgano que dictó la resolución, ciertamente la competencia para dictar la resolución correspondía a la persona titular de la Dirección General de Movilidad, de modo que al haberla dictado un órgano inferior jerárquico, sería también una infracción del ordenamiento. Ahora bien, en este caso la viabilidad de tal impugnación es muy escasa, puesto que el vicio de falta de competencia puede convalidarse por parte del órgano competente, con motivo de la resolución del recurso.

Quedo a su disposición para cualquier aclaración adicional.

Saludos.

ACTIVIDAD 2

Informe sobre la estrategia a seguir con el fin de demorar al máximo el momento en que debería abonarse la multa impuesta a la empresa Corredor del Mediterráneo.

Antecedentes

1. En fecha 2 de julio de 2021 se ha notificado a la empresa Corredor del Mediterráneo la resolución de 25 de junio de 2021 por la que se impone una sanción de 20.005 euros, por considerar a dicha empresa responsable de la comisión de una infracción tipificada como muy grave en el artículo 140.12 de la Ley 16/1987, que tiene el literal siguiente: «La negativa u obstrucción a la actuación de los Servicios de Inspección del Transporte Terrestre o de las fuerzas encargadas de la vigilancia del transporte que imposibiliten total o parcialmente el ejercicio de las funciones que legal o reglamentariamente tengan atribuidas, así como la desatención total o parcial a sus instrucciones o requerimientos».

2. En la resolución se indica el plazo y formas para hacer efectiva la multa, sin que se incluya ninguna mención a la posibilidad de suspender o demorar dicho pago.

3. El responsable de la empresa solicita que se informe sobre la estrategia a seguir, con el fin de retrasar al máximo el momento en que debería abonarse, en su caso, la multa impuesta en el procedimiento sancionador.

Fundamentos de derecho

Con carácter general, las resoluciones administrativas son inmediatamente ejecutivas, al gozar de eficacia inmediata, demorada eso sí a su notificación a las personas interesadas. Así, una vez notificada una resolución a la persona interesada, en principio y con carácter general debe llevarse a cabo la obligación que en su caso imponga. Todo ello, de conformidad con el principio de eficacia de los actos administrativos, reconocido en el artículo 39 de la Ley 39/2015, de 1 de octubre, del Procedimiento Administrativo Común de las Administraciones Públicas (en adelante, LPAC).

Tal obligación de ejecutar la resolución no se suspende en principio por la interposición de un recurso administrativo, como sería el caso del recurso de alzada, el procedente en el caso planteado. Así lo dispone con carácter general el artículo 117.1 de la LPAC:

> *«La interposición de cualquier recurso, excepto en los casos en que una disposición establezca lo contrario, no suspenderá la ejecución del acto impugnado.»*

Ahora bien, precisamente para el caso de las resoluciones sancionadoras, la propia LPAC ha previsto como excepción la suspensión automática en el caso de interposición de cualquier recurso administrativo. En efecto, así lo ha previsto el artículo 98.1 de la LPAC, en el que dispone lo siguiente:

> *«Los actos de las Administraciones Públicas sujetos al Derecho Administrativo serán inmediatamente ejecutivos, salvo que: [...]*
>
> b*) Se trate de una resolución de un procedimiento de naturaleza sancionadora contra la que quepa algún recurso en vía administrativa, incluido el potestativo de reposición.»*

En el mismo sentido, el artículo 90 de la LPAC, relativo a las especialidades de las resoluciones de los procedimientos sancionadores, determina lo siguiente:

> *«3. La resolución que ponga fin al procedimiento será ejecutiva cuando no quepa contra ella ningún recurso ordinario en vía administrativa, pudiendo adoptarse en la misma las disposiciones cautelares precisas para garantizar su eficacia en tanto no sea ejecutiva y que podrán consistir en el mantenimiento de las medidas provisionales que en su caso se hubieran adoptado.»*

En consecuencia, en base a los preceptos citados, la mera interposición del recurso de alzada en plazo (como máximo el 2 de agosto de 2021) comporta la suspensión automática de la obligación de pago de la multa, sin necesidad de solicitar expresamente tal suspensión. Dicha suspensión se mantendría hasta la resolución del recurso, cuyo plazo máximo previsto es de tres meses, aunque lo habitual es que la resolución se demore bastante más allá, por lo que con la interposición del recurso se conseguiría demorar durante varios meses la obligación de pago de la multa.

Es más, una vez notificada la resolución de dicho recurso, y en el supuesto que confirme la sanción, puede demorarse nuevamente la obligación de pago. En efecto, el mismo artículo 90.3 de la LPAC antes citado, añade la siguiente previsión, una vez ya la resolución deviene ejecutiva por haberse resuelto el recurso:

> *«Cuando la resolución sea ejecutiva, se podrá suspender cautelarmente, si el interesado manifiesta a la Administración su intención de interponer recurso contencioso-administrativo contra la resolución firme en vía administrativa. Dicha suspensión cautelar finalizará cuando:*
>
> a*) Haya transcurrido el plazo legalmente previsto sin que el interesado haya interpuesto recurso contencioso administrativo.*
>
> b*) Habiendo el interesado interpuesto recurso contencioso-administrativo:*
>
> *1.º No se haya solicitado en el mismo trámite la suspensión cautelar de la resolución impugnada.*
>
> *2.º El órgano judicial se pronuncie sobre la suspensión cautelar solicitada, en los términos previstos en ella.»*

En consecuencia, una vez notificada la resolución eventualmente desestimatoria del recurso de alzada, podría solicitarse el mantenimiento de la suspensión de la eficacia de la sanción, en base a la intención de interponer el recurso contencioso correspondiente. Dicho recurso debería presentarse en el plazo máximo de dos meses contados a partir del día siguiente a la notificación de la resolución expresa desestimatoria del recurso.

Idéntica previsión relativa a la posibilidad de solicitar la suspensión de la ejecución del acto está contenida en el artículo 129 de la Ley 29/1998, de 13 de julio, Reguladora de la Jurisdicción Contencioso-administrativa. Ahora bien, en la solicitud de suspensión ante el órgano judicial, debería acreditarse que la eventual ejecución inmediata de la resolución sancionadora provocaría unos perjuicios irreparables a la empresa, puesto que podría provocar su cierre. Al respecto, debería acreditarse el volumen de facturación de la empresa y el estado de cuentas, para evidenciar la imposibilidad de hacer frente a dicha sanción.

Una vez planteado el recurso contencioso administrativo en plazo y solicitada la suspensión de la ejecución, la Administración no podría obligar al pago de la sanción hasta que el órgano judicial se pronunciase expresamente al respecto. Con ello, se demoraría varios meses más la eventual obligación de pago de la sanción. Y debe precisarse que tal demora no generaría recargos ni intereses en el importe de la multa.

Conclusión

La demora de la obligación de pago de la multa puede conseguirse mediante la interposición del recurso de alzada primero, y del recurso contencioso administrativo después. Con la interposición de dichos recursos podría conseguirse retrasar durante varios meses, incluso años, el momento en que debería abonarse la multa.

Almería, a 10 de julio de 2021

Fdo: Colegiado n.º XXX

ACTIVIDAD 3

El Sr. X, abogado del Ilustre Colegio de Abogados del Almería (número de colegiado XXX), en representación de la empresa Corredor Mediterráneo, empresa de transportes debidamente autorizada e inscrita en el Registro de empresas transportistas correspondiente, y cuyos datos identificativos son conocidos por la Junta de Andalucía,

EXPONE:

1. Que en fecha 2 de julio de 2021 se ha notificado a mi representada la resolución dictada en el procedimiento sancionador número XXX, por la que se le impone una sanción de 20.005 euros, como presunta responsable de la comisión de una infracción tipificada como muy grave en el artículo 140.12 de la Ley 16/1987, que tiene el literal siguiente: «La negativa u obstrucción a la actuación de los Servicios de Inspección del Transporte Terrestre o de las fuerzas encargadas de la vigilancia del transporte que imposibiliten total o parcialmente el ejercicio de las funciones que legal o reglamentariamente tengan atribuidas, así como la desatención total o parcial a sus instrucciones o requerimientos».

2. Que esta representación considera que dicha resolución no se ajusta a derecho, por lo que se interpone el presente

RECURSO DE ALZADA

Que se basa en los siguientes

FUNDAMENTOS DE DERECHO

1. Sobre la procedencia del recurso de alzada.

La resolución que aquí se impugna consta dictada por el subdirector de Movilidad, órgano adscrito a la Dirección General de Movilidad. Como se argumentará en este recurso, el órgano competente para dictar la resolución no era dicho subdirector, sino la persona titular de la Dirección General de Movilidad. En cualquier caso, siempre sería procedente el recurso de alzada, puesto que tanto uno como otro órgano, no ponen fin a la vía administrativa. Además, la normativa sectorial aplicable tampoco indica que la resolución sancionadora que aquí se combate, ponga fin a la vía administrativa.

Por consiguiente, se interpone el presente recurso de alzada de conformidad con lo establecido en el artículo 121.1 de la Ley 39/2015, de 1 de octubre, del

Procedimiento Administrativo Común de las Administraciones Públicas (LPAC), que dispone lo siguiente:

> *«1. Las resoluciones y actos a que se refiere el artículo 112.1, cuando no pongan fin a la vía administrativa, podrán ser recurridos en alzada ante el órgano superior jerárquico del que los dictó.»*

2. Sobre el fondo del asunto.

[…]

Por todo lo anterior,

SOLICITA

Primero. La admisión de este recurso de alzada y la documentación que se acompaña acreditativa de la representación que aquí se ejerce.
Segundo. La estimación de este recurso de alzada en base a los fundamentos jurídicos anteriormente expuestos, y que se deje sin efecto la resolución sancionadora que es objeto de impugnación.

Almería, a 10 de julio de 2021

Fdo.:….

DIRECTOR GENERAL DE MOVILIDAD DE LA JUNTA DE ANDALUCÍA

ACTIVIDAD 4

Informe sobre los efectos de la demora en la resolución del recurso de alzada, interpuesto contra la resolución sancionadora dictada contra la empresa Corredor del Mediterráneo.

Antecedentes

1. En fecha 2 de julio de 2021 se notificó a la empresa Corredor del Mediterráneo la resolución de 25 de junio de 2021 por la que se imponía una sanción de 20.005 euros, por considerar a dicha empresa responsable de la comisión de una infracción tipificada como muy grave en el artículo 140.12 de la Ley 16/1987, que tiene el literal siguiente: «La negativa u obstrucción a la actuación de los Servicios de Inspección del Transporte Terrestre o de las fuerzas encargadas de la vigilancia del transporte que imposibiliten total o parcialmente el ejercicio de las funciones que legal o reglamentariamente tengan atribuidas, así como la desatención total o parcial a sus instrucciones o requerimientos».

2. En fecha 2 de agosto de 2021 se interpuso recurso de alzada contra dicha resolución sancionadora.

3. Una vez superado ampliamente el plazo máximo de tres meses previsto para la resolución del recurso de alzada, el responsable de la empresa solicita que se informe sobre les efectos de esa falta de resolución del recurso, y en todo caso, si ello genera alguna obligación en cuanto al pago de la multa.

Fundamentos de derecho

Como se indicaba en un informe anterior (emitido sobre la estrategia a seguir para demorar al máximo la obligación de pago de la sanción) la mera interposición del recurso de alzada suponía la suspensión de la eficacia de la resolución sancionadora, por lo que no puede exigirse el pago de la sanción mientras no se resuelva expresamente el recurso.

El plazo máximo para la resolución del recurso de alzada viene determinado en el artículo 122 de la Ley 39/2015, de 1 de octubre, del Procedimiento Administrativo Común de las Administraciones Públicas (en adelante, LPAC), que dispone lo siguiente:

> *«2. El plazo máximo para dictar y notificar la resolución será de tres meses. Transcurrido este plazo sin que recaiga resolución, se podrá entender desestimado el recurso, salvo en el supuesto previsto en el artículo 24.1, tercer párrafo.»*

En consecuencia, una vez superado el plazo de tres meses, el recurso puede entenderse desestimado, puesto que en el supuesto aquí planteado no es de aplicación la excepción del artículo 24.1, tercer párrafo a la que se remite el precepto transcrito, que se refiere al supuesto de doble silencio, en el que en caso de interponerse un recurso de alzada contra una desestimación por silencio administrativo, el segundo silencio se convierte en estimatorio. Puesto que no es el caso que nos ocupa, en el presente supuesto a los tres meses se produjo el silencio desestimatorio, de modo que hay que tener en cuenta cuáles son los efectos de dicho silencio en sentido desestimatorio.

Al respecto, el artículo 24.2 de la LPAC dispone que «la desestimación por silencio administrativo tiene los solos efectos de permitir a los interesados la interposición del recurso administrativo o contencioso-administrativo que resulte procedente». Por consiguiente, el silencio administrativo desestimatorio es una ficción jurídica que tiene el único efecto de permitir a la persona interesada entender que se ha desestimado su pretensión, lo que le permite interponer el recurso procedente. En otras palabras, la desestimación presunta permitiría interponer el recurso contencioso administrativo correspondiente.

Pero en ningún caso interesa a la empresa acudir al recurso contencioso, puesto que mientras persista esta situación de silencio administrativo y no se rompa con la resolución expresa del recurso, no existe obligación de pagar la multa, puesto que la resolución sancionadora no es ejecutiva, al estar suspendida tal eficacia por la interposición del recurso de alzada en plazo.

Es más, si el silencio se prolonga durante mucho tiempo, podría comportar la prescripción de la sanción, lo que implicaría la extinción de la obligación de abonarla. En efecto, en este punto debe tenerse en cuenta el artículo 30.3 de la Ley 40/2015, de 1 de octubre, de Régimen Jurídico del Sector Público (LRJSP), que en su tercer párrafo dispone lo siguiente:

> *«En el caso de desestimación presunta del recurso de alzada interpuesto contra la resolución por la que se impone la sanción, el plazo de prescripción de la sanción comenzará a contarse desde el día siguiente a aquel en que finalice el plazo legalmente previsto para la resolución de dicho recurso.»*

Por consiguiente, en el momento en que se superó el plazo de tres meses desde que se interpuso el recurso de alzada, ha comenzado a contar el plazo de prescripción de la sanción. Es verdad que al tratarse de una sanción impuesta por una infracción muy grave el plazo es muy largo, concretamente de tres años (art. 30.1 de la LRJSP, por remisión del art. 145 de la Ley 16/1987). Pero no puede en absoluto descartarse que llegue a consumarse tal plazo, lo que provocaría la extinción de la sanción, puesto que ya no sería exigible su pago.

Conclusión

La tardanza en resolver el recurso de alzada no perjudica en nada a la empresa sancionada, puesto que se mantiene la suspensión de la obligación de pago de la multa. Además, con la desestimación presunta del recurso (a los tres meses de haberlo interpuesto) se ha iniciado el cómputo del plazo de prescripción de la sanción (tres años), por lo que de mantenerse el silencio durante ese plazo, provocaría la extinción de la sanción.

Almería, a 10 de diciembre de 2021

Fdo.: Colegiado n.º XXX

SOLUCIONES A LAS PREGUNTAS TEST DEL CASO PRÁCTICO 10

1	2	3	4	5
b	c	d	a	c

PARA SABER MÁS...

— Sentencia 339/2018, de 27 de abril, del Tribunal Superior de Justicia de Madrid, Sala de lo Contencioso-administrativo, Sección 1.ª, Rec. 166/2018 (sobre la vulneración del derecho de defensa por la inadmisión —o falta de resolución— sobre pruebas propuesta en un procedimiento sancionador).

— Sentencia 475/2019, de 30 de octubre, del Tribunal Superior de Justicia de la Comunidad Valenciana, Sala de lo Contencioso-administrativo, Sección 4.ª, Rec. 16/2019 (sobre la medida cautelar de suspensión de la sanción en el recurso contencioso).

— Sentencia del Tribunal Supremo, 22 de septiembre de 2008 (recurso casación en interés de ley n.º 69/2005).

— Sentencia del Tribunal Constitucional 37/2012, de 19 de marzo.

VIVAS PUIG, Federico; CAMPOS DAROCA, José María: *Revisión de actos y recursos administrativos*, Bosch, Barcelona, 2016.

CASO PRÁCTICO 11

ACTIVIDAD 1

En efecto, el artículo 31 de la LRJSP bajo el título de la «concurrencia de sanciones» se ocupa del principio *non bis in idem* y señala textualmente que no podrán sancionarse los hechos que los hayan sido penal o administrativamente, en los casos en que se aprecie identidad del sujeto, hecho y fundamento.

De manera que tres son las identidades que deben concurrir para que podamos hablar de vulneración del *non bis in idem* en un supuesto de hecho concreto: de sujeto, de hecho, y de fundamento jurídico. O dicho de otro modo, si el sujeto, el hecho y el fundamento son el mismo solo puede imponerse una única sanción en vía administrativa o judicial.

Efectivamente los hechos que se sancionan fueron idénticos ante la jurisdicción penal y después en sede administrativa. De forma que *a priori* podríamos deducir que la misma conducta fue sancionada dos veces, pero ocurre que esa doble sanción por unos mismos hechos no se ha producido afectando a un único sujeto, porque en nuestro caso la sanción por las infracciones administrativas recayó sobre la sociedad mercantil mientras que la Sentencia penal condenó a la persona física que dirigió la realización de la obra y no adoptó las medidas capaces de prevenir el hecho que posteriormente dio lugar al fallecimiento de uno de sus trabajadores.

En consecuencia, la aplicación de este principio recogido legalmente proscribe la duplicidad sancionadora de la potestad de la Administración y el *ius puniendi* que ejercen los tribunales de justicia. Sin embargo, aun cuando en algunos casos la única respuesta punitiva sea la que proviene de los Juzgados y Tribunales penales, en muchos otros es posible que una misma actuación antijurídica pueda además ser castigada por la autoridad administrativa como ocurre en el caso de los delitos contra los derechos de los trabajadores y las infracciones administrativas en el orden social.

ACTIVIDAD 2

Sentado lo anterior, queda claro que una vez impuesta la sanción penal no cabrá sanción administrativa por los mismos hechos, pero además se ha de destacar la preferencia que debe darse a la vía penal, siempre desde la perspectiva del principio de *ultima ratio* del Derecho Penal, lo que implica que deba acudirse a la vía penal solo ante los ataques más graves contra los bienes jurídicos protegidos.

El ejercicio de la potestad sancionadora de la Administración deberá quedar relegado al resultado de la sentencia penal, paralizándose sus plazos, y, estará en todo caso vinculada al fallo condenatorio de la misma, reanudándose de nuevo solo cuando no concurra la triple identidad a la que más arriba nos referíamos (subjetiva, objetiva y de fundamento) que prohíbe acumular sanciones administrativas y penales. Teniendo en cuenta que la ley proscribe no el doble pronunciamiento sino la doble imposición de sanciones por los mismos hechos en el ámbito penal y administrativo.

Dicho lo cual, si quedara absuelto el inculpado por los hechos que fueron objeto de enjuiciamiento penal o incluso se dictara auto de sobreseimiento nada impide que pueda imponerse una sanción administrativa, previa tramitación del correspondiente procedimiento administrativo sancionador. Para ello, debe respetarse la regla general reconocida en el artículo 77.4 de la LPAC de que los hechos declarados probados por los tribunales en resoluciones penales firmes vincularán a las Administraciones Públicas.

Por el contrario, no quedaría vinculada la Administración respecto de los hechos declarados no probados en sentencia absolutoria, sin que nada obste a que pueda probarlos con posterioridad en el seno del expediente administrativo sancionador, y en caso afirmativo imponer una sanción administrativa por la comisión de los que fueran ilícitos.

Finalmente, la existencia previa de una sanción administrativa no impedirá la imposición de una condena penal, cuestión esta última no resuelta legislativamente, si bien parece lógico que la sanción administrativa pueda compensarse con la condena penal siempre que sean de la misma naturaleza, precisamente para no vulnerar el principio *non bis in idem*.

ACTIVIDAD 3

En el orden jurisdiccional contencioso-administrativo la **competencia objetiva** viene determinada no solo por la materia objeto del acto administrativo sino también por la cuantía del pleito. En este caso concreto, al tratarse de una sanción impuesta por la Administración de Cataluña, concretamente por el Conseller de Treball, Afers Socials i Famílies, el conocimiento de los recursos deducidos contra los actos administrativos de la Administración de las Comunidades Autónomas viene atribuido a los Juzgados de lo Contencioso-Administrativo siempre que consistan en multas no superiores a 60.000 euros, en virtud del artículo 8 de la LJCA. La cuantía del proceso coincide con el importe de la sanción, esto es, 40.986 euros, por lo que no se superan los 60.000 euros.

Por su parte, la **competencia territorial** se determina con carácter preferente conforme a las reglas contenidas en el artículo 14.1 de la LJCA entre aquellos Juzgados o Tribunales que tengan una misma competencia objetiva. Siendo así que lo decisivo para atribuir la competencia territorial al órgano jurisdiccional es, por regla general, la circunscripción donde tenga su sede el órgano que hubiere dictado el acto administrativo. Sin perjuicio del fuero electivo de la regla segunda del citado artículo 14.1, en virtud de la cual también será competente, a elección del demandante, el del lugar donde tenga su domicilio. Teniendo en cuenta que esta excepción solo opera en materia de personal, propiedades especiales y sanciones como la que nos encontramos, y en el ámbito territorial de la Comunidad Autónoma, es decir, de un Tribunal Superior de Justicia.

A tal efecto, como la empresa Catalana de Obras y Excavaciones, S.A. tiene su domicilio social en Tarragona, sí que se podría elegir entre los Juzgados de lo Contencioso-Administrativo con sede en Tarragona, o bien los Juzgados de lo Contencioso-Administrativo de Barcelona donde radica el domicilio del órgano administrativo que le ha impuesto la multa.

ACTIVIDAD 4

1. La falta de jurisdicción del Juzgado o Tribunal enjuiciador determina la inadmisibilidad del recurso contencioso-administrativo con arreglo a lo dispuesto en el artículo 69.*a*) de la LJCA. De ahí que con carácter previo a examinar el fondo del asunto deba el Juez examinar la concurrencia de los requisitos procesales entre los que se encuentra, en primer lugar, la jurisdicción. No podrá, por consiguiente, pronunciarse sobre el fondo del asunto si considera que su conocimiento puede corresponder a otro orden jurisdiccional.

Los órganos judiciales de lo contencioso-administrativo solo podrán extender su jurisdicción a los supuestos previamente tasados en la Ley Jurisdiccional, concretamente en los artículos 1, 2, 3 y 4 que hacen referencia explícita al ámbito del Derecho administrativo, salvo aquellos supuestos excepcionales en los que se atribuya su conocimiento a otro orden jurisdiccional. La jurisdicción es improrrogable, es una cuestión de orden público, y debe ser examinada con carácter previo, ya sea de oficio o por cualquiera de las partes intervinientes.

En el supuesto que nos ocupa, aun cuando nos encontremos ante el ejercicio de la potestad sancionadora de la Administración, se trata de una materia que cabe calificar de laboral atendiendo al nuevo ámbito competencial de la jurisdicción social concebido con la entrada en vigor de la Ley 36/2011, de 10 de octubre, reguladora de la jurisdicción social.

En particular, su artículo 2.*n*) atribuye a los órganos jurisdiccionales del orden social la competencia para conocer, entre otras cuestiones, la impugnación de resoluciones administrativas de la autoridad laboral recaídas en el ejercicio de la potestad sancionadora en materia laboral, siempre que su conocimiento no esté atribuido a otro orden jurisdiccional.

Por tanto, es evidente que el recurso contencioso-administrativo resultaría inadmisible a tenor del artículo 69.*a*) de la LJCA, por venir expresamente atribuido a la jurisdicción social, excluyéndose su conocimiento del orden jurisdiccional contencioso-administrativo. Lo que implica que la pretensión formulada no pueda ser examinada por el órgano judicial ante el que se interpuso inicialmente, al margen de que el «pie de recurso» fuera erróneo.

2. En lo que respecta al procedimiento a seguir, previa audiencia de las partes y del Ministerio Fiscal, la resolución judicial que declare la inadmisibilidad indicará en todo caso el concreto orden jurisdiccional que se estime competente de acuerdo con lo dispuesto en el artículo 5.3 de la LJCA, donde podrá personarse la parte demandante.

SOLUCIONES A LAS PREGUNTAS TEST DEL CASO PRÁCTICO 11

1	2	3	4	5
d	c	b	c	d

PARA SABER MÁS...

— Auto de la Sala de Conflictos Jurisdiccionales del Tribunal Supremo, de 24 de septiembre de 2014, conflicto de competencia n.º 16/2014.

— STC 2/2003 de 16 de enero, que trata específicamente los casos en que se ha impuesto sanción administrativa firme y posteriormente se inicia la vía penal.

— STJUE de 13 de febrero de 1969, Walt Wilhelm v. Bundeskartellamt, asunto 14/68, que hace referencia al «Principio del descuento».

CASO PRÁCTICO 12

ACTIVIDAD 1

Apreciado Miguel:

De acuerdo con lo comentado, paso a dar respuesta a las cuestiones planteadas.

Confirmo que la resolución del Secretario General del Congreso de los Diputados es una actuación sujeta al control de legalidad por parte del orden jurisdiccional Contencioso-administrativo y, por tanto, es impugnable mediante la interposición de recurso contencioso-administrativo. Debe reseñarse que el artículo 9 de la Constitución establece la sujeción de los poderes públicos —sin distinción— a la propia norma fundamental y al resto del ordenamiento jurídico y reconoce la garantía del principio de legalidad, la jerarquía normativa, la publicidad de las normas, la irretroactividad de las disposiciones sancionadoras no favorables o restrictivas de derechos individuales, la seguridad jurídica, la responsabilidad y la interdicción de la arbitrariedad de esos poderes públicos.

En desarrollo de esa regla constitucional, la Ley 29/1998, de 13 de julio, reguladora de la Jurisdicción Contencioso-administrativa, delimita el ámbito objetivo del orden Contencioso-administrativo, en cuanto encargado de hacer efectivo el sometimiento de los poderes públicos al ordenamiento jurídico. Tal y como señala la exposición de motivos de esta Ley, una de las novedades que introdujo el legislador con ocasión de su aprobación fue la confirmación de «la sujeción al enjuiciamiento de la Jurisdicción Contencioso-administrativa de actos y disposiciones emanados de otros órganos públicos que no forman parte de la Administración, cuando dichos actos y disposiciones tienen, por su contenido y efectos, una naturaleza materialmente administrativa».

Por lo que se refiere al órgano competente para conocer sobre el recurso, de acuerdo con lo previsto en el artículo 12 de la Ley de la Jurisdicción, al tratarse de la impugnación de un acto dictado por el órgano competente del Congreso de los Diputados en materia de administración, corresponde la tramitación a la Sala de lo Contencioso-administrativo del Tribunal Supremo.

El recurso debe tramitarse mediante las reglas del procedimiento ordinario al tratarse de una cuestión de administración cuya cuantía excede de los 30.000 euros.

Quedo a su disposición para cualquier aclaración adicional.

Saludos.

ACTIVIDAD 2

Considerando que el recurso de alzada había sido interpuesto el 18 de marzo y que la fecha en la que Miguel se puso en contacto con el letrado para evaluar las vías de impugnación disponibles fue el 24 de junio, puede afirmarse que el plazo de tres meses para la resolución del recurso de alzada previsto en el artículo 122.2 de la LPAC, ha sido sobrepasado sin que haya recaído resolución.

De acuerdo con lo previsto en el artículo 24 de la LPAC, el sentido del silencio administrativo es negativo en los procedimientos de impugnación de actos, como es el caso. En consecuencia, puede considerarse desestimado el recurso de alzada y, por tanto, abre la vía para que el interesado pueda interponer recurso contencioso-administrativo contra esa desestimación presunta.

Por lo que se refiere al plazo para la interposición del recurso contencioso-administrativo, al tratarse de la impugnación de un acto dictado por silencio administrativo, el interesado no tendría una fecha límite en tanto no recaiga resolución expresa. Ver, en este sentido, la STC 52/2014, de 10 de abril.

En caso de que, una vez interpuesto el recurso contencioso-administrativo contra la desestimación presunta del recurso de alzada interpuesto por Miguel, la Mesa del Congreso de los Diputados resolviera de forma expresa estimándolo, debería procederse conforme a lo previsto en el artículo 76 de la LJCA, reguladora de la Jurisdicción Contencioso-administrativa:

— Una vez recaída resolución del recurso de alzada, la Administración o cualquiera de las partes podría ponerlo en conocimiento del Tribunal que estuviera conociendo de la impugnación en vía jurisdiccional.

— Una vez comunicado, el Letrado de la Administración de Justicia mandará oír a las partes por el plazo común de cinco días.

— Previa comprobación de lo alegado, el Tribunal dictará auto en el que se declarará terminado el procedimiento y ordenará el archivo del recurso y la devolución del expediente administrativo, si el reconocimiento no infringiera manifiestamente el ordenamiento jurídico o, en caso contrario, dictará sentencia ajustada a Derecho.

ACTIVIDAD 3

A la vista de las circunstancias del caso, la viabilidad de que la pretensión formulada por Miguel prospere depende, sola y exclusivamente, de que Carlos aportara en su solicitud evidencia del cumplimiento de los requisitos establecidos en las bases de la convocatoria para poder resultar beneficiario y, en concreto, de su condición de licenciado en Administración y Dirección de Empresas o en Ciencias Económicas.

De acuerdo con lo establecido en el artículo 70 de la LPAC, el expediente administrativo es el conjunto ordenado de documentos y actuaciones que sirven de antecedente y fundamento a la resolución administrativa, así como las diligencias encaminadas a ejecutarla.

La solicitud de Carlos y la documentación adjunta a la misma han de constar necesariamente en ese expediente y, por tanto, el mismo es suficiente para poder enjuiciar si el otorgamiento de la beca en su favor fue conforme a Derecho o no.

En consecuencia, para sostener la pretensión de Miguel sería suficiente solicitar como medio de prueba que se tuviera por reproducido en autos la información obrante en el expediente administrativo y que se propusiera como extremo de hecho a probar si Carlos invocó en su solicitud y reunía en el momento de la presentación de la solicitud la condición de licenciado en Administración y Dirección de Empresas o en Ciencias Económicas.

ACTIVIDAD 4

> ***[…]. Nulidad: la resolución otorga la beca a un candidato que no reunía los requisitos obligatorios previstos en las bases.***
>
> *El motivo esencial que permite tachar como nula la resolución impugnada es la contradicción de plano en que incurre con respecto de las bases de la convocatoria.*
>
> *El Secretario General del Congreso de los Diputados, al resolver el otorgamiento de la beca en favor de Carlos desconoció el requisito obligatorio de titulación previsto en la base Cuarta, apartado 1, de la convocatoria y dicho desconocimiento constituye una vulneración de la normativa sobre subvenciones que es determinante de la nulidad del acto impugnado.*
>
> *La mencionada base Cuarta, apartado 1, de la convocatoria establece con indudable claridad que para poder ser beneficiario de la beca convocada es necesario, entre otros requisitos, ser licenciado en Administración y Dirección de Empresas o en Ciencias Económicas. Pues bien, conforme se pone de manifiesto en el expediente administrativo, folios […] a […], en la solicitud cursada por Carlos no se hacía referencia alguna a que dispusiera los mencionados títulos ni aportaba evidencia de reunir la condición de licencia en Administración y Dirección de Empresas o en Ciencias Económicas.*
>
> *Es más, como puede comprobarse en el folio […] del expediente administrativo, el título al que Carlos hacía referencia en su solicitud era el de Doctor en Ciencias Económicas que, como es evidente, no es ninguno de los establecidos en las bases como requisitos para ser beneficiario de la beca.*

De acuerdo con lo previsto en el artículo 13.1 de la Ley 38/2003, de 17 de noviembre, General de Subvenciones,

Podrán obtener la condición de beneficiario o entidad colaboradora las personas o entidades ***que se encuentren en la situación que fundamenta la concesión de la subvención o en las que concurran las circunstancias previstas en las bases reguladoras y en la convocatoria.*** *(La negrita es nuestra.)*

Sensu contrario, *el ordenamiento jurídico no ampara el otorgamiento de una subvención, como es el caso de las becas sobre las que aquí se discute, a aquellos solicitantes en los que no concurran las circunstancias previstas en la convocatoria.*

Así lo ha declarado de forma reiterada y pacífica nuestros juzgados y tribunales. Véase, en este sentido y por todas, la sentencia del Tribunal Supremo, Sala de lo Contencioso-administrativo, de 10 de julio de 2018, en la que se afirma:

> *«En ningún caso puede concebirse la subvención como desplazamiento patrimonial sin causa o con fundamento en la mera liberalidad de la entidad concedente.»*

Para continuar razonando que para poder otorgar válidamente una subvención debe existir una «solicitud formal de quien pretende obtener la subvención, ***con todos los requisitos****, las bases de la convocatoria, los compromisos que debe asumir la beneficiaria, la fiscalización del gasto, y la propia resolución administrativa que aprecie las razones de utilidad pública e interés social que justifiquen la subvención». (La negrita es nuestra.)*

En una línea concurrente, se ha pronunciado la jurisprudencia, por ejemplo, mediante la sentencia de la Sala Tercera del Tribunal Supremo de 10 de diciembre de 2012 en la que se ponía de relieve la necesidad de que los beneficiarios de las ayudas públicas reúnan los requisitos previstas en la normativa de aplicación y las bases de la convocatoria:

> *«Las cantidades que se otorgan al beneficiario están vinculadas al pleno cumplimiento de los requisitos y al desarrollo de la actividad prevista al efecto. Existe, por tanto, un carácter condicional en la subvención, en el sentido de que su otorgamiento se produce siempre bajo la condición resolutoria de que el beneficiario cumpla unas exigencias o tenga un determinado comportamiento o realice una determinada actividad en los concretos términos en que procede su concesión».*

Las circunstancias del presente caso ponen de manifiesto una clara contradicción entre los términos de la resolución impugnada, por cuanto otorgó la beca a Carlos, y las exigencias que eran ineludibles en el procedimiento, concretamente, la necesidad de que los beneficiarios hubieran alcanzado una titulación académica determinada.

*La actuación administrativa impugnada incurre, por lo anterior, en nulidad, de acuerdo con lo establecido en el artículo 47.1.*f*) de la Ley 39/2015, de 1 de octubre, del Procedimiento Administrativo Común de las Administraciones Públicas, por cuanto en virtud del mismo Carlos ha adquirido un Derecho sin disponer de los requisitos esenciales para su adquisición y en contradicción del ordenamiento jurídico. Corresponde, en consecuencia, que se estime el presente recurso contencioso-administrativo y se declare su nulidad. Esta es la única solución admisible a la vista de los antecedentes relevantes del caso.*

SOLUCIONES A LAS PREGUNTAS TEST DEL CASO PRÁCTICO 12

1	2	3	4	5
b	c	d	d	c

PARA SABER MÁS...

GARCÍA-ESCUDERO MÁRQUEZ, Piedad: «Los actos de la Administración parlamentaria», *Cuadernos de Derecho Público*, n.º 4, mayo-junio 1998, INAP, pp. 65-118.

MOREU CARBONELL, E.: «Procedimiento de concesión y gestión de las subvenciones», en LÓPEZ REMÓN, F., *Comentarios a la Ley General de subvenciones (Ley 38/2003, de 17 de noviembre)*, Tirant lo Blanch, 2005, pp. 69-103.

CASO PRÁCTICO 13

ACTIVIDAD 1

IRRETROACTIVIDAD:

Como ya se alegó en el recurso de alzada, sin que se obtuviera respuesta, la resolución impugnada modificó la aportación del usuario a la prestación en la fecha en que se dictó, es decir, el 15 de diciembre de 2018, pero, en cambio, estableció como fecha de efectos el día 1 de noviembre de 2018, es decir, cuando todavía no se había modificado la prestación. Y ya desde el mes de noviembre se le cobró a mi mandante el nuevo importe que ascendía a la cantidad de 1.850 euros mensuales. Se acompaña como documento n.º … detalle de movimientos bancarios de la cuenta de mi representado, en el que consta que tal cantidad se ha venido pagando directamente a la Fundación X (que regenta el hogar residencia) y que los meses de noviembre y diciembre de 2018 se pagaron íntegramente con ese nuevo importe.

El artículo 39 de la Ley 39/2015 regula los efectos de los actos administrativos del siguiente modo:

> *«1. Los actos de las Administraciones Públicas sujetos al Derecho Administrativo se presumirán válidos y producirán efectos desde la fecha en que se dicten, salvo que en ellos se disponga otra cosa.*
> *2. La eficacia quedará demorada cuando así lo exija el contenido del acto o esté supeditada a su notificación, publicación o aprobación superior.*
> *3. Excepcionalmente, podrá otorgarse eficacia retroactiva a los actos cuando se dicten en sustitución de actos anulados, así como cuando produzcan efectos favorables al interesado, siempre que los supuestos de hecho necesarios existieran ya en la fecha a que se retrotraiga la eficacia del acto y esta no lesione derechos o intereses legítimos de otras personas.»*

De conformidad con el artículo 9.3 de la CE, los poderes públicos deben garantizar la irretroactividad de las disposiciones sancionadoras no favorables o restrictivas de derechos individuales y la seguridad jurídica. El acto recurrido infringe estos principios cuando atribuye efectos retroactivos a la modificación de la aportación económica de la prestación que se venía disfrutando, siendo la nueva cuantía mucho más gravosa para el beneficiario.

Por lo tanto, la fecha de efectos no puede ser anterior al día 15 de diciembre de 2018, fecha en que se dictó la resolución.

ACTIVIDAD 2

Al resultar condenada la Administración, es esta quien tiene la obligación de llevar a puro y debido efecto los pronunciamientos contenidos en el fallo. Ahora bien, el órgano jurisdiccional que dictó la Sentencia es quien ostenta en exclusiva la facultad de hacer ejecutar lo juzgado. Debe partirse, además, de que el derecho a la fiel ejecución de lo decidido por Sentencia forma parte del derecho fundamental a la tutela judicial efectiva reconocido en el artículo 24 de la CE.

Por tanto, si la Administración demandada no cumple con su obligación, el Sr. Esteve podrá acudir al órgano judicial que dictó la Sentencia para hacer efectivo su derecho.

En general, la Administración tiene el plazo de dos meses para llevar a efecto lo dispuesto en la Sentencia, desde la fecha en que el Tribunal le comunique su firmeza (art. 104.2 de la LJCA). No obstante, en nuestro caso ese plazo es de tres meses por tratarse de una Sentencia que condena al pago de una cantidad líquida, a tenor de lo dispuesto en el artículo 106 de la LJCA.

Habrá que esperar a que la Administración cumpla lo ordenado por Sentencia y, si transcurre el plazo de tres meses sin que lo haya hecho, podremos instar la ejecución de Sentencia ante el Tribunal Superior de Justicia de Cataluña. En dicho escrito podremos solicitar que, apreciándose una clara falta de diligencia en el cumplimiento, se penalice a la Administración incrementando en dos puntos el interés legal a devengar, que se deberá calcular desde la notificación de la Sentencia, todo ello al amparo de lo dispuesto en el artículo 106.3 de la LJCA.

ACTIVIDAD 3

La regla general es que las Sentencias limitan su eficacia a las partes y a las personas afectadas por el fallo, y Manel ni fue parte en el proceso ni puede entenderse que tenga la condición de persona afectada, ya que el acto administrativo anulado es un acto singular que solo afecta al Sr. Esteve.

Como excepción a esa norma general y en aras a la economía procesal, la ley permite la extensión a otras personas de los efectos de una previa sentencia firme que hubiera reconocido una situación jurídica individualizada, siempre que la resolución que afectara al interesado no fuera firme y consentida. Esto permite que otros interesados que no fueron parte en el procedimiento pero que están en la misma situación se beneficien de los efectos de la Sentencia en trámite de ejecución. No obstante, dicha previsión solo es posible en procedimientos que versen sobre materia tributaria, de personal al servicio de la Administración pública y de unidad de mercado, como reza el artículo 110.1 de la LJCA.

No es posible recurrir al procedimiento para solicitar la extensión de efectos de la Sentencia dictada en el asunto del Sr. Esteve, ya que no se halla incluido en las materias tasadas que prevé la ley, que ya hemos visto que son la materia tributaria, de personal o de unidad de mercado.

No obstante, el Sr. Manel en su día interpuso recurso de alzada contra la resolución que le afectaba directamente y dicho recurso no fue resuelto por la Administración, de modo que no estamos ante una actuación administrativa firme y consentida. Aunque el artículo 46.1 de la LJCA prevé que el plazo para interponer el recurso contencioso-administrativo contra un acto presunto es de seis meses desde que se produzca éste, resulta de aplicación la doctrina del Tribunal Constitucional plasmada, entre otras, en la STC de 10 de abril de 2014, según la cual, se tiene que admitir el recurso aunque se interponga con posterioridad a los seis meses, ya que al no haber respuesta expresa, se debe entender que el plazo queda abierto. Y esto es así porque el silencio administrativo se configura como una ficción legal cuya finalidad es la de permitir el acceso a la vía jurisdiccional, sin que la pasividad de la Administración pueda perjudicar al ciudadano.

Por tanto, en este caso Manel podría interponer el correspondiente recurso contencioso-administrativo para hacer valer su derecho, teniendo ahora la práctica seguridad de que el TSJ de Cataluña resolverá en el mismo sentido que en el caso del Sr. Esteve, por tratarse de asuntos idénticos.

Ahora bien, para obtener una solución más rápida y económica, Manel podría intentar que la propia Administración estimara su pretensión, sin necesidad de acudir a los tribunales. Para ello, podría presentar un escrito ante la Generalitat reiterando el recurso de alzada presentado en su día y recordando a la Administración su obligación de resolver expresamente, según establece el artículo 21 de la LPAC. En dicho escrito debería hacerse mención a la Sentencia dictada en el procedimiento del Sr. Esteve y aportarse una copia de la misma, al objeto de que sea tenida en cuenta al resolver el recurso de alzada. Si la Administración sigue sin contestar o desestima el recurso, siempre quedará la posibilidad de interponer el correspondiente recurso contencioso-administrativo, en el que habrá que solicitar la condena en costas.

SOLUCIONES A LAS PREGUNTAS TEST DEL CASO PRÁCTICO 13

1	2	3	4	5
b	c	b	d	a

PARA SABER MÁS...

CÓRDOBA CASTROVERDE, Diego: «Dificultades y problemas que plantea en la actualidad la extensión de efectos de las sentencias en el orden contencioso-administrativo», *Revista de Jurisprudencia*, n.º 4, Lefebvre – El Derecho, 2011.

CASTILLO BLANCO, Federico A.: «La ejecución propia e impropia de sentencias en el ámbito contencioso-administrativo», *Administración de Andalucía: revista andaluza de administración pública*, 100, 2018, pp. 87-129.

CASO PRÁCTICO 14

ACTIVIDAD 1

INFORME JURÍDICO

Cuestión planteada: Posibilidad de que el Ayuntamiento recurra la Sentencia dictada, por la que se inadmite el recurso contencioso-administrativo interpuesto por la Comunidad de Propietarios.

Criterio razonado del Letrado:

La Sentencia objeto de estudio cumple con los requisitos del artículo 81.1 de la Ley 29/1998 para ser susceptible de recurso de apelación, al haber sido dictada por un Juzgado de lo Contencioso-administrativo y ser de cuantía superior a los 30.000 euros. Además, el apartado 2 de dicho artículo permite expresamente la apelación en caso de sentencias que declaren la inadmisibilidad del recurso.

La Ley 1/2000, de Enjuiciamiento Civil establece en su artículo 448.1 que «contra las resoluciones de los Tribunales y Letrados de la Administración de Justicia que les afecten desfavorablemente, las partes pueden interponer los recursos previstos en la ley». Por su parte el artículo 82 de la Ley 29/1998 dispone que «el recurso de apelación podrá interponerse por quienes, según esta Ley, se hallen legitimados como parte demandante o demandada». Es decir, la Ley 29/1998 no exige que la resolución judicial le afecte desfavorablemente.

De todos modos, en este caso, en el recurso de apelación no se impugnaría la parte dispositiva de la sentencia, cuyo fallo es favorable para el Ayuntamiento, sino su fundamentación jurídica que le afecta desfavorablemente.

La sentencia dictada por el Juzgado inadmite el recurso contencioso-administrativo, lo que le impedía entrar a analizar el fondo del asunto. No obstante, en su fundamentación jurídica sí que examina el fondo del asunto, pero lo hace parcialmente y de una forma equivocada, por lo que el Ayuntamiento está legitimado para pretender vía recurso de apelación la eliminación de toda referencia a aquellos aspectos ajenos a los que motivan la inadmisión del recurso.

En concreto, la parte de la fundamentación jurídica de la sentencia que perjudica a los intereses municipales es aquella que asevera que «es indudable la negligencia de la Administración demandada y el daño causado a los propietarios del edificio colindante, así como la concurrencia del nexo causal, que podría dar lugar a la correspondiente reclamación de responsabilidad patrimonial».

El hecho de que el recurso de apelación no se dirija contra el fallo de la sentencia no es obstáculo para su admisión, pues ello incide en la esfera del derecho a la tutela judicial efectiva reconocido en el artículo 24 de la Constitución Española (CE). En este sentido la Sentencia n.º 157/2003 del Tribunal Constitucional, Sala 1.ª, de 15 de septiembre de 2003, declara:

> *«[...] El verdadero núcleo de la misma se halla en la determinación de si es preciso, como presupuesto del recurso, que el perjuicio que el recurrente sufra derive precisamente de la parte dispositiva de la resolución judicial. Y, como hemos adelantado, nuestro sistema procesal no permite mantener semejante solución. En este sentido, debe tenerse en cuenta, en primer lugar, que es perfectamente imaginable la existencia de supuestos en los que las declaraciones de la resolución judicial, contenidas en su fundamentación jurídica, generen un perjuicio para el recurrente, con independencia absoluta del contenido de tal parte dispositiva. Y, sobre esta base, no existe razón alguna para negar, con carácter general, que la vía de los recursos pueda ser utilizada para la impugnación de aquellas declaraciones, so pretexto de una pretendida concepción de los recursos como limitados a aquellas pretensiones que tengan por objeto la alteración de la parte dispositiva de la resolución judicial recurrida, concepción limitada que no encuentra un fundamento jurídico que la sostenga, máxime teniendo en cuenta que con la misma se están restringiendo las posibilidades de tutela judicial efectiva de los derechos e intereses legítimos de las personas y, en consecuencia, afectando a un derecho fundamental de las mismas, el reconocido en el artículo 24.1 de la CE.»*

De acuerdo con esta doctrina, la posibilidad de interponer el recurso de apelación debe partir de la existencia de un perjuicio para el recurrente. En el presente caso, aunque el fallo de la sentencia es favorable, su fundamentación jurídica genera un perjuicio para el recurrente.

La sentencia discutida da por ciertos unos hechos que causan un perjuicio real y efectivo para la Corporación municipal por el peligro que supone que puedan ser utilizados en su contra. Es cierto que el ámbito de la cosa juzgada queda circunscrito a la decisión contenida en el fallo y no se extiende a su fundamentación jurídica, como también lo es que el artículo 72.1 de la Ley 29/1998 dispone que la Sentencia que declara la inadmisibilidad del recurso solo produce efectos entre las partes. No obstante, dada la vinculación que tienen los propietarios del edificio con la Comunidad de la que forman parte y que son los legitimados para la posible reclamación de responsabilidad patrimonial, conviene a los intereses municipales eliminar toda apreciación judicial desfavorable que en el futuro pueda utilizarse en su contra como elemento de prejudicialidad. No debemos olvidar que toda Sentencia firme, aunque no produzca efectos de cosa juzgada material, genera el efecto de constituir, en un ulterior proceso, un medio de prueba cualificado de los hechos que valora.

Conclusión:

La fundamentación jurídica de la Sentencia genera un perjuicio para el Ayuntamiento que justifica la interposición y posterior admisión del recurso de apelación, de acuerdo con la doctrina del Tribunal Constitucional. Y ello a pesar de que, como ya hemos dicho, mientras que en la jurisdicción civil únicamente se habilita a las partes a interponer recursos contra las resoluciones «que les afecten desfavorablemente», en la jurisdicción contencioso-administrativa no se establece esta limitación, como resulta de la lectura de los artículos 19 y 82 de la Ley 29/1998.

ACTIVIDAD 2

Según el artículo 67.1 de la LJCA, la Sentencia «decidirá todas las cuestiones controvertidas en el proceso», es decir, deberá respetar el principio de congruencia, al que también se refiere su artículo 33.1 cuando obliga al Juez a juzgar dentro de los límites de las pretensiones y de los motivos planteados por las partes. En la medida en que la Sentencia no resuelve todos los motivos de oposición aducidos por el Ayuntamiento pero sí se pronuncia sobre los motivos de impugnación esgrimidos por el demandante, podría entenderse que incurre en vicio de incongruencia omisiva, aunque según la doctrina del TC tal defecto solo es relevante cuando se produce una denegación de justicia por dejar imprejuzgada una pretensión debidamente planteada, ya que entonces se produce una vulneración del derecho a la tutela judicial efectiva, lo que tendrá que examinarse caso por caso (entre otras, Sentencias TC 158/2000, de 12 de junio, y 205/2001, de 15 de octubre).

La inadmisibilidad del recurso contencioso-administrativo es uno de los pronunciamientos que puede contener la Sentencia, a tenor del artículo 68.1 de la LJCA, que procede cuando se da alguno de los supuestos previstos en el artículo 69 del mismo texto legal. La inadmisibilidad de la pretensión excluye de por sí el pronunciamiento sobre el fondo del asunto, que en otro caso podría dar lugar a su estimación o desestimación. En nuestro supuesto, si el Juzgado inadmite la reclamación de responsabilidad patrimonial por falta de legitimación activa, no debía pronunciarse sobre su procedencia.

Por otro lado, el TC viene proclamando de forma reiterada que el reconocimiento del derecho a la tutela judicial efectiva no supone un derecho a un pronunciamiento de fondo, pues queda satisfecho igualmente con una decisión de inadmisión razonada.

ACTIVIDAD 3

El *ius variandi* de la Administración en materia urbanística está plenamente reconocido en nuestro ordenamiento jurídico, siempre que se sigan los cauces previstos y la motivación sea suficiente.

Conforme a lo previsto en el artículo 105.2 de la LJCA, en este caso, dentro del plazo de dos meses previsto para la ejecución de Sentencia, el Ayuntamiento debería comunicar al órgano judicial que concurre una causa de imposibilidad legal de ejecutar la Sentencia, consistente en la modificación sobrevenida del marco urbanístico que ha legalizado la actuación infractora.

Con audiencia de las partes, será el Tribunal quien decida si concurre esa causa y, en todo caso, acuerde la forma de llevar a efecto el fallo, fijando la indemnización que compense la parte que no haya podido ejecutarse.

Ahora bien, debe tenerse en cuenta que este planteamiento puede colisionar con el derecho que el recurrente tiene al pleno cumplimiento de la Sentencia en sus justos términos, que forma parte del derecho a la tutela judicial efectiva plasmado en el artículo 24 de la Constitución, y que el artículo 103.4 de la LJCA considera nulos de pleno derecho los actos y disposiciones que se dicten con la finalidad de eludir el cumplimiento de la Sentencia.

De ahí que lo más relevante será poder trasladar al Tribunal la convicción de que la modificación en la ordenación urbanística operada respondía únicamente a motivos de interés general y que en ningún caso se pretendía legalizar la actuación que fue anulada por Sentencia. Y ello no es asunto fácil, por cuanto la jurisprudencia ha sentado en estos casos una inversión de la carga de la prueba, de manera que es la Administración quien debe acreditar que no ha existido voluntad de contrariar el fallo.

SOLUCIONES A LAS PREGUNTAS TEST DEL CASO PRÁCTICO 14

1	2	3	4	5
c	a	d	b	a

PARA SABER MÁS...

— Sentencia del Tribunal Constitucional 157/2003, de 15 de septiembre de 2003, sobre la admisión del recurso de apelación.

— Sentencia del Tribunal Constitucional 254/2015, de 30 de noviembre, respecto de la imposibilidad de llevar a cabo la ejecución *in natura* de la Sentencia.

— Sentencia del Tribunal Supremo de 29 de mayo de 2015, recurso 3301/2014, sobre el deber de la Administración de probar que no ha existido intención de eludir el cumplimiento del fallo.

GIFREU FONT, Judith: «La alteración sobrevenida de la normativa como causa (no) excepcional de inejecución de las sentencias que llevan aparejada la demolición de obras ilegales», en *El Derecho de la Ciudad y el Territorio. Estudios en homenaje a Manuel Ballbé Prunés*, pp. 889-910.

FLORES DOMÍNGUEZ, Luis Enrique: «Algunos intentos de paliar, a través de la responsabilidad patrimonial, los efectos de la ejecución de sentencias que anulan licencias y ordenan la demolición de viviendas», *Revista de Estudios de la Administración Local y Autonómica*, Nueva Época, n.º 8, noviembre de 2017, pp. 74-96.

CASO PRÁCTICO 15

ACTIVIDAD 1

Juan Sánchez acude a tu despacho el día 25 de noviembre de 2019, y te pide que le redactes el escrito que debe presentar ante la Subdelegación del Gobierno de Granada comunicando la manifestación pretendida.

La redacción del escrito debe ajustarse a las previsiones de la Ley Orgánica 9/1983, de 15 de julio, reguladora del derecho de reunión.

Con arreglo a esta norma, la celebración de reuniones en lugares de tránsito público y de manifestaciones deberá ser comunicadas por escrito. No se trata de una solicitud de autorización, sino de una comunicación. Si se trata de personas jurídicas, la comunicación deberá hacerse por su representante.

Es necesario que, con carácter general, se presente el escrito con una antelación de diez días naturales, como mínimo, y de treinta como máximo.

No obstante, cuando existan causas extraordinarias y graves que justifiquen la urgencia de convocatoria y celebración de reuniones en lugares de tránsito público o manifestaciones, la comunicación podrá hacerse con una antelación mínima de veinticuatro horas.

Se trata de un escrito muy simple, que debe indicar lo siguiente:

a) *Nombre, apellidos, domicilio y documento oficial de identificación del organizador u organizadores o de su representante, caso de personas jurídicas, consignando también la denominación, naturaleza y domicilio de estas;*

b) *Lugar, fecha, hora y duración prevista;*

c) *Objeto de la misma;*

d) *Itinerario proyectado, cuando se prevea la circulación por las vías públicas;*

e) *Medidas de seguridad previstas por los organizadores o que se soliciten de la autoridad gubernativa.*

SOLICITO: que se tenga por comunicada la realización de la manifestación en los términos expuestos.

ACTIVIDAD 2

Para poder dar un buen asesoramiento jurídico, entre otras cosas, hay que tener en cuenta cuáles son los intereses de nuestro cliente.

En el presente caso, si nuestro cliente lo que realmente quiere es que la manifestación se produzca en fin de semana porque a su juicio tendrá así una mayor repercusión social y mediática, entonces lo prudente es aconsejarle que solicite en la vía contencioso administrativa que la manifestación tenga lugar el domingo a una hora distinta o el sábado.

Esta pretensión tiene muchas probabilidades de ser estimada.

Ahora bien, en caso de que Juan Sánchez siga empeñado en impugnar la resolución de la Administración, y pretenda que en el suplico del recurso contencioso se solicite el mantenimiento de la manifestación en los términos solicitados inicialmente mediante escrito de 26 de noviembre, hay que indicarle que su pretensión tiene escasas posibilidades de éxito.

Y esto es así porque si hay una manifestación el mismo día, a la misma hora y en el mismo recorrido que ya ha sido comunicada con anterioridad, carece de sentido que se autorice otra igual que se ha solicitado con posterioridad.

Por tanto, si la pretensión de Juan Sánchez es impugnar la resolución administrativa y solicitar que se celebre la manifestación en los términos solicitados el día 26 de noviembre de 2019, nuestra obligación es informarle de que actuaremos siguiendo sus instrucciones, pero que tiene escasas o casi nulas opciones de prosperar, ya que no tiene fundamento jurídico.

Por último, hay que tener en cuenta que si Juan Sánchez, en nombre de la asociación, no quiere acudir a un proceso judicial, hay otra opción jurídica a su alcance, consistente en presentar una nueva comunicación de manifestación para otro día distinto, o para otra hora ese mismo día.

ACTIVIDAD 3

La resolución que dicte la Administración no admite recurso en vía administrativa, por lo que, en caso de no aceptarse por los organizadores o promotores la prohibición u otras modificaciones propuestas, solo es posible la impugnación en vía judicial mediante recurso contencioso administrativo.

O, como antes se ha indicado, también sería posible la presentación de una nueva comunicación de manifestación, lo que evitaría el proceso judicial si la nueva resolución administrativa satisface nuestras pretensiones.

La competencia objetiva para conocer de este tipo de procesos corresponde a las Salas de lo Contencioso-Administrativo de los Tribunales Superiores de Justicia (TSJ) de acuerdo con el artículo 10.1.*h*) de la LJCA.

La competencia territorial corresponde al TSJ en cuya circunscripción tenga su sede el órgano que hubiere dictado la disposición o el acto originario impugnado.

El recurso que se podría interponer es el previsto en los artículos 114 a 122 ter de la LJCA, que regula, dentro de los procesos contenciosos administrativos especiales, el «procedimiento para la protección de los derechos fundamentales de la persona».

Específicamente hay que atender al artículo 122, que establece un plazo de 48 horas desde la notificación de la prohibición o modificación para la interposición del recurso.

La tramitación es muy simple. Una vez presentado el recurso y admitido a trámite, en el plazo improrrogable de cuatro días, y poniendo de manifiesto el expediente si se hubiera recibido, se convocará al representante legal de la Administración, al Ministerio Fiscal y a los recurrentes o a la persona que éstos designen como representante a una audiencia en la que el Tribunal, de manera contradictoria, oirá a todos los personados y resolverá sin ulterior recurso.

El único recurso que se puede interponer es el recurso de amparo ante el Tribunal Constitucional.

ACTIVIDAD 4

1) En caso de que se impugne judicialmente la resolución administrativa, señale quiénes serán parte del proceso judicial.

Puesto que se trata un proceso especial «para la protección de los derechos fundamentales de la persona», de los regulados en la LJCA en los artículos 114 a 122 ter, la particularidad de estos procedimientos radica en que, además de las partes interesadas, interviene el Ministerio Fiscal en defensa de la legalidad.

De tal forma que serán parte en el proceso el representante legal de la Administración, el Ministerio Fiscal y la persona que los recurrentes designen como representante.

Al tratarse de un proceso ante un órgano judicial colegiado, los solicitantes de la manifestación deberán conferir su representación a un Procurador y ser asistidas por Abogado, como exige el artículo 23.2 de la LJCA.

La Administración competente será la estatal, y estará defendida y representada por la Abogacía del Estado, salvo en aquellas Comunidades Autónomas que hayan asumido el ejercicio efectivo de las competencias en materia de seguridad ciudadana y de la protección de personas y bienes (como es el caso de País Vasco y Cataluña). En tales casos la defensa y representación de la Administración autonómica corresponderá a los Letrados de su correspondiente servicio jurídico.

2) ¿Puede el órgano judicial aprobar un itinerario o un horario para la manifestación distinto del propuesto por la Administración o por los convocantes de la manifestación?

La respuesta es no, ya que así lo dispone imperativamente el artículo 122.3 de la LJCA, que dispone que «la decisión que se adopte únicamente podrá mantener o revocar la prohibición o las modificaciones propuestas».

Esto supone que el órgano judicial no puede más que aceptar la propuesta de la Administración o de los convocantes, pero no puede acordar cosa distinta; no puede establecer un recorrido o fecha distinta o alternativa a las propuestas por las partes del proceso.

El artículo 122.3 de la LJCA es un precepto que se dicta en plena concordancia con lo que establece el artículo 71.2 de la misma ley, cuando establece que «los órganos jurisdiccionales no podrán determinar la forma en que han de quedar redactados los preceptos de una disposición general en sustitución de los que anularen ni podrán determinar el contenido discrecional de los actos anulados».

Esta regulación engarza con el carácter revisor de la jurisdicción contencioso administrativa, que únicamente realiza un control de legalidad y determina si una concreta actuación administrativa es ajustada a Derecho, pero no tiene potestad para dictar actos administrativos ni ejercer funciones administrativas que no le son propias.

SOLUCIONES A LAS PREGUNTAS TEST DEL CASO PRÁCTICO 15

1	2	3	4	5
a	d	a	a	c

PARA SABER MÁS...

— Sentencia del Tribunal Superior de Justicia de Madrid n.º 143/2019, de 5 de marzo de 2019.

— Sentencia del Tribunal Constitucional n.º 38/2009, de 9 de febrero de 2009.

Garberí Llobregat, José; González Navarro, Alicia: *Práctica del recurso contencioso-administrativo para la protección de los derechos fundamentales de la persona: comentarios, formularios y casos prácticos*, Civitas, 2013.

CASO PRÁCTICO 16

ACTIVIDAD 1

Apreciado Miguel Ángel,

En respuesta a tu anterior correo, procedo a contestar brevemente a las cuestiones planteadas, sin perjuicio de poder ampliar aquellos extremos que consideres de interés.

En primer lugar, he de indicarte que la Sentencia del Juzgado Central de lo Contencioso-Administrativo n.º 11 es susceptible de recurso de apelación al ser la cuantía del pleito superior a 30.000 euros.

Si consideráis procedente recurrir la Sentencia que estima parcialmente la demanda que interpusimos en su día, debemos diferenciar dos fases en el procedimiento de la apelación: una, ante el órgano judicial que dictó la sentencia, y otra, ante el tribunal que dicta una nueva sentencia.

La primera fase, ante el Juzgado Central de lo Contencioso-Administrativo que dictó la Sentencia, consistirá en la interposición del recurso en el improrrogable plazo de quince días siguientes a la notificación de la apelación que tuvo lugar el pasado 30 de mayo de 2019. Puesto que no opera aquí la rehabilitación de plazos procesales del artículo 128.1 de la Ley 29/1998 por tratarse de un plazo para interponer recursos.

Este escrito deberá contener las alegaciones en las que se fundamente el recurso, y aunque no cabe suscitar cuestiones nuevas que no se hicieron valer en la primera instancia, sobre las que el Juez no tuvo oportunidad de pronunciarse en la sentencia objeto de recurso, sí sería posible introducir nuevos argumentos siempre que no alteren nuestra pretensión inicial en virtud del principio iura novit curia.

Si el escrito presentado cumple con los requisitos procesales exigidos en la Ley Jurisdiccional, el Secretario Judicial (hoy Letrado de la Administración de Justicia) admitirá el recurso por Diligencia de Ordenación. En caso contrario, será el Juez a quo *quien declarará la inadmisión por Auto que será susceptible de recurso de queja.*

Admitido el recurso, se dará traslado a la parte demandada, en este caso al Abogado del Estado que actúa en nombre y representación del INVIED, para que en el plazo de quince días pueda formalizar la correspondiente oposición al recurso de apelación. Has de tener en cuenta que al tratarse de una sentencia estimatoria parcial existe la posibilidad de que la Administración pueda también recurrir la sentencia.

Transcurrido este plazo de quince días concedido al efecto, el Juzgado Central elevará los autos, junto con el expediente administrativo, y emplazará a las partes para comparecer ante Tribunal competente para resolver el recurso.

Al tratarse de una sentencia dictada por un Juzgado Central de lo Contencioso-Administrativo es a la Sala de lo Contencioso-Administrativo de la Audiencia Nacional a quien le correspondería el conocimiento del recurso de apelación. En cambio, si la sentencia proviniera de un Juzgado de lo Contencioso-Administrativo —provincial— sería competente el Tribunal Superior de Justicia del territorio donde radique el anterior órgano judicial.

Una vez declaradas conclusas las actuaciones procesales, la Sala dictará la correspondiente sentencia estimando total o parcialmente nuestro recurso, o bien desestimado el mismo por completo.

En relación con tu inquietud sobre los efectos negativos de una eventual sentencia desestimatoria, he de advertirte que en principio no podría perjudicarnos, salvo que la Abogacía del Estado hubiera recurrido también la sentencia al tratarse de una sentencia estimatoria parcial, y se estimara su recurso de apelación. Solo en este caso la sentencia puede ser perjudicial a vuestros intereses.

Espero haber aclarado tus dudas y, en cualquier caso, quedo a vuestra entera disposición para cualquier cuestión que preciséis.

Recibe un cordial saludo.

ACTIVIDAD 2

En este caso, al haber transcurrido el plazo de quince días concedido al efecto para poder interponer el correspondiente recurso de apelación, es posible que la mercantil que ocupa la posición procesal de apelada pueda adherirse a la misma, razonando aquellos puntos en los que a su juicio la sentencia le sea perjudicial. A tal efecto, el Secretario Judicial dará traslado al apelante para que pueda oponerse a la apelación según lo previsto en el apartado cuarto del artículo 85 de la LJCA.

En cuanto a la posibilidad de ejecutar provisionalmente la Sentencia, está permitido legalmente en virtud del artículo 84.1 de la LJCA por aquellas partes favorecidas por la sentencia, ya sea íntegra o parcialmente e independientemente de que hayan sido demandantes o demandados. Por lo que, aun siendo una sentencia estimatoria parcial sería en este caso posible su ejecución provisional por cualquiera de las partes.

Sin embargo, cuando de la misma pudieran derivarse perjuicios de cualquier naturaleza, podrá exigirse la constitución de una caución o garantía para responder de los mismos, salvo que fuera la propia Administración la que instase la ejecución provisional por haber sido también parte favorecida por la sentencia. A pesar de que solicitar por el INVIED la ejecución provisional no tendría mucho sentido, teniendo en cuenta que se trata de una sentencia que la condena al pago de una cantidad dineraria.

En cualquier caso, no se acordará la ejecución provisional cuando la misma sea susceptible de producir situaciones irreversibles o perjuicios de imposible reparación.

ACTIVIDAD 3

Los efectos de la interposición los recursos se dividen tradicionalmente en dos: por un lado, el devolutivo, y por otro, el suspensivo.

De acuerdo con lo dispuesto en el artículo 83 de la LJCA el recurso de apelación contra las sentencias es admisible en ambos efectos, salvo en los casos en que la ley disponga otra cosa, constituyendo una excepción a la regla general el de las sentencias dictadas en un procedimiento para la protección de los derechos fundamentales de la persona. Esto quiere decir que en la apelación de sentencias se admite tanto el efecto devolutivo como el efecto suspensivo, a diferencia de lo que ocurre con los autos cuya regla general es la admisibilidad en un solo efecto, el devolutivo.

El efecto devolutivo se da siempre, siendo la regla general en todos los recursos, entendida esta por la jurisprudencia como el otorgamiento al superior jerárquico que ha de resolver el recurso (Tribunal *ad quem*) de plenas facultades para conocer el pleito seguido en primera instancia (Juez *a quo*) y resolver con plena jurisdicción sobre el objeto del proceso cuantas cuestiones se le planteen, sean de hecho o de derecho, a partir de las pretensiones de las partes. Ello, por cuanto se trata de un recurso ordinario que permite lo que la doctrina constitucional ha calificado como *novum iudicium*.

Mientras que el suspensivo, viene referido a la imposibilidad de que la sentencia adquiera firmeza en contra del apelado, y por tanto que la misma sea ejecutada. Aunque el despliegue de este efecto carecerá de virtualidad si la sentencia es desestimatoria, siempre que no se hubiera suspendido cautelarmente la ejecutividad de la resolución administrativa impugnada porque, en este caso, el acto administrativo ya habrá desplegado sus efectos en la esfera administrativa.

ACTIVIDAD 4

1. En primer lugar, debemos señalar que el recurso de apelación regulado en los artículos 81 a 85 de la LJCA es un recurso ordinario, que como ya dijimos transfiere al Tribunal *ad quem* la facultad de revisar todas las cuestiones planteadas ante el Juez *a quo*. El juicio crítico de la resolución judicial dictada en primera instancia que corresponde a esta fase de apelación, para determinar si se aprecia en ella la errónea aplicación de una norma, la incongruencia, la indebida o defectuosa apreciación de la prueba o cualesquiera otras razones que se invoquen para obtener la revocación de la sentencia en los términos que han sido declarados por la doctrina del Tribunal Supremo. O dicho de otro modo, cuestionar la aplicación e interpretación de las normas jurídicas realizadas en la instancia.

No se trata, por tanto, de reabrir el debate procesal como si no hubiera existido aquella primera fase judicial, sino precisamente de revisar la sentencia que se pronunció sobre la adecuación o no a derecho de la resolución administrativa objeto de impugnación. Lo contrario constituiría una desnaturalización del recurso de apelación.

Por ello, el recurso de apelación ha de ser una crítica de la sentencia impugnada con la que se fundamente la pretensión que sirva de base para poder depurar el resultado judicial obtenido en la primera instancia y que consideramos errónea por haber sido contraria a nuestros intereses, sin que pueda ser sustituida por la del Tribunal *ad quem*. En este sentido, por cuanto no sería adecuado abrir un nuevo debate procesal en los mismos términos ya resueltos en la instancia por el Juez *a quo*.

De manera que no sería correcta la técnica jurídica recomendada por nuestro compañero de despacho en un recurso de apelación, en el que lo combatido no es la actuación administrativa sino la sentencia que revisó dicho acto, y que como hemos indicado exige una crítica de la misma que legitime su revisión. No estimándose tampoco adecuada desde el punto de vista procesal esa postulación que exige un análisis contradictorio de la resolución judicial y no del acto impugnado ya revisado, convirtiendo la apelación en una simple reiteración de la primera instancia.

De hecho, la ausencia de crítica de la sentencia de instancia sería causa suficiente para desestimar el recurso, sin ulterior razonamiento, de acuerdo con una reiteradísima jurisprudencia del Tribunal Supremo.

2. En cuanto a las posibilidades de éxito del recurso de apelación fundado en un error en la valoración de la prueba pericial practicada en la instancia, hay que tener en cuenta que, en principio, dicha valoración efectuada por el Juez *a quo* ha de respetarse, siempre que no sea manifiestamente ilógica, irracional, arbitraria, absurda o cuando conculque principios generales del Derecho, tal y como tiene declarado la jurisprudencia.

Es por lo que la valoración de la prueba pericial conforme a las reglas de la sana crítica implica que el Juzgador de Instancia es libre a la hora de valorar los dictámenes periciales a tenor del artículo 348 de la LEC. En la medida en que esta valoración servirá para motivar la sentencia, debe analizarse la misma exponiendo las razones que conducen a la decisión que finalmente se adoptará en su parte dispositiva.

En definitiva, el error en la valoración de la prueba de la sentencia apelada ha de ser tan evidente que de ella pueda apreciarse la equivocación del juicio valorativo del órgano jurisdiccional, para que pueda prosperar. De ahí el carácter excepcional que ha tenido tradicionalmente la admisión de esa impugnación, y que reduce su examen a los casos en los que se constate un error patente y manifiesto en la valoración de la prueba.

SOLUCIONES A LAS PREGUNTAS TEST DEL CASO PRÁCTICO 16

1	2	3	4	5
b	b	c	c	a

PARA SABER MÁS...

— Sentencia del Tribunal Supremo de 17 de enero de 2000, recurso 3497/1992.

— Sentencia del Tribunal Supremo de 5 de febrero de 2000, recurso 9025/1995.

— Sentencias del Tribunal Constitucional 194/1990, de 29 de noviembre, 21/1993, de 18 de enero y 101/1998, de 18 de mayo.

CASADO CASADO, Lucía: *Los recursos en el proceso contencioso-administrativo. Restricciones y limitaciones*, Tirant lo Blanch, Valencia, 2019.

IGLESIAS CANTE, Inés Celia: *Recursos en el Proceso Contencioso Administrativo*, Tirant lo Blanch, Valencia, 2016.

SOSPEDRA NAVAS, Francisco José: «El recurso de apelación», en EZQUERRA HUERVA, Antonio; OLIVÁN DEL CACHO, Javier (dirs.), *Estudio de la Ley de la Jurisdicción Contencioso-Administrativa*, Tirant lo Blanch, Valencia, pp. 799-840.

CASO PRÁCTICO 17

ACTIVIDAD 1

Informe que se emite en relación con la consulta planteada por la Asociación de Militares Profesionales ante la paralización del expediente administrativo relativo al Cabo Juan Carlos por una posible prejudicialidad penal.

Como cuestión previa, partiendo del artículo 4.1 de la LJCA la competencia del orden jurisdiccional contencioso-administrativo se extiende al conocimiento y decisión de las cuestiones prejudiciales e incidentales no pertenecientes al orden administrativo, a excepción de las de carácter penal —entre otras—, en consonancia con lo establecido en el artículo 10.2 de la LOPJ. De manera que, si la cuestión prejudicial es penal, no se aplica la regla general del citado artículo 4 de la LJ.

Ahora bien, esto no quiere decir que toda cuestión de índole penal haya de considerarse como prejudicial y, por consiguiente, tenga que dar lugar a la necesaria suspensión del procedimiento contencioso-administrativo.

En el caso de que nos ocupa, consta de manera fehaciente la existencia de una causa criminal seguida contra Juan Carlos por un presunto delito de tráfico de drogas, pero lo cierto es que la decisión en el proceso penal no puede considerarse imprescindible para la resolución judicial en el orden jurisdiccional contencioso-administrativo. Recordemos, a tal efecto, que lo pendiente de decidirse en el ámbito administrativo es la procedencia o no de determinar la inutilidad permanente para el servicio y, en su caso, la limitación para ocupar determinados destinos o el pase a retiro.

Por lo que, en principio, sería perfectamente posible decidir en sede judicial contencioso-administrativo sobre lo planteado en el eventual recurso, es decir, la impugnación de la desestimación presunta de la declaración de insuficiencia de condiciones psicofísicas y el consiguiente pase a retiro de Juan Carlos. O dicho de otro modo, lo declarado por Sentencia penal no sería imprescindible para la resolución del recurso planteado ante el orden jurisdiccional contencioso-administrativo.

Cuestión distinta es que se acredite que con anterioridad al inicio del expediente de insuficiencia de condiciones psicofísicas como el que nos ocupa se le estuviere instruyendo al interesado algún procedimiento penal o disciplinario por falta muy grave relacionado con su condición de militar, que pudieran determinar la imposición de una pena o sanción que lleve aparejada la inhabilitación o la separación del servicio.

En este caso, el Instructor acordará por sí mismo la suspensión de la tramitación, remitiendo el expediente a la mayor brevedad a la Subsecretaria de Defensa para que, en su caso, confirme la interrupción del plazo de los trámites sucesivos del expediente. Continuando con la tramitación del procedimiento en el supuesto de que el procedimiento penal recayere pena principal o accesoria que no implique la pérdida de la condición de militar, y también cuando en el expediente sancionador se le hubiere impuesto una sanción disciplinaria que no lleve aparejada la separación del servicio.

En este sentido, debe recordarse la doctrina fijada por el Tribunal Supremo en Sentencia de 10 de junio de 1997 (rec. 12/1997) declarando al efecto que «el acelerar un expediente de inutilidad física, para declarar en situación de retirado a dicho Guardia Civil, y sustraerle a la aplicación de las leyes penales y disciplinarias —como pretende la parte demandante— entrañaría un auténtico fraude de Ley por obtener con este posterior expediente una finalidad distinta a la prevista por la norma». Y continúa añadiendo: «[...] una vez constatada la existencia de los dos procedimientos, no cabe censurar a la Administración —como hace la parte demandante— por resolver en primer lugar el procedimiento administrativo más antiguo, pues ello era obligado si se quería depurar una responsabilidad disciplinaria por hechos anteriores al nacimiento de unas causas de exclusión del servicio, y cuyo resultado podría ser determinante para la decisión del procedimiento más moderno».

CONCLUSIÓN

En consecuencia, al establecer la jurisprudencia como norma general la prioridad en la tramitación del expediente disciplinario sobre el expediente de perdida de aptitudes psicofísicas determinante del pase a retiro del militar, si el interesado impugna ante los órganos judiciales del orden jurisdiccional contencioso-administrativo la desestimación presunta, en el expediente administrativo ya constará la suspensión de plazos acordada por el órgano instructor.

En Madrid, a 3 de septiembre de 2019

ACTIVIDAD 2

En primer lugar, debe destacarse que el procedimiento de evaluación extraordinaria para determinar la insuficiencia de condiciones psicofísicas del personal de las Fuerzas Armadas tiene la peculiaridad que, contrariamente a la norma general prevista por la LPAC para los procedimientos iniciados de oficio, la falta de resolución expresa tiene efectos desestimatorios. Así resulta de lo previsto en los artículos 9 y 10 del Real Decreto 944/2001, que prevén el inicio de oficio y los efectos desestimatorios de la falta de resolución, en lugar de la caducidad del procedimiento.

En este caso, al haber tenido conocimiento Juan Carlos de la existencia de la resolución de una pretensión inicialmente deducida contra una desestimación presunta de la Administración, solicitaremos en aplicación del artículo 36.4 de la LJCA la ampliación del recurso a la resolución expresa notificada. No procediendo el desistimiento del recurso, al tratarse de una resolución contraria a nuestros intereses que no puede tener nuestra aceptación.

Teniendo en cuenta que la notificación se ha producido antes de dictarse Sentencia, es necesario acudir a la figura de la «ampliación del recurso contencioso-administrativo a la resolución expresa», al darse la relación exigida en el artículo 34.2 de la LJCA, en este caso confirmación del acto presunto de carácter desestimatorio, aunque también podría solicitarse dicha ampliación del recurso si existiese entre ellos cualquier otra conexión directa.

El escrito dirigido al órgano judicial se limitará a solicitar, sin más, la ampliación del recurso así como a adjuntar la copia del acto expreso, o bien la indicación del expediente en que haya recaído el acto o el diario oficial en que la disposición se haya publicado, pero no es necesaria la presentación de otros documentos que ya hubieran sido aportados en la interposición del recurso contra el silencio de la Administración.

Respecto al plazo, es obvio que debería llevarse a cabo dentro los dos meses establecidos al efecto para la interposición del recurso en el artículo 46 de la LJCA, aplicándose las normas relativas al cómputo de plazo contenidas en las normas procesales.

La presentación del escrito solicitando la ampliación suspenderá el procedimiento, en tanto se decida sobre el incidente, y una vez acordada, previa audiencia de las partes, continuará sus trámites conforme a lo dispuesto legalmente.

En cuanto a los efectos de solicitar la ampliación a la resolución expresa es preciso advertir que se trata de un requisito de admisibilidad necesario para que pueda examinarse ese nuevo acto dictado por la Administración, por lo que la omisión de este trámite puede desembocar en un motivo de inadmisibilidad del recurso contencioso-administrativo. Ello, puesto que el silencio negativo no constituye un acto administrativo sino un mecanismo para acceder a la vía judicial. El acto expreso posterior se convierte así en el verdadero objeto del recurso.

ACTIVIDAD 3

1. Con carácter general, serán de aplicación al proceso administrativo las normas contenidas en la Ley de Enjuiciamiento Civil por la remisión que hace el artículo 60.4 de la LJCA. Por ello, el órgano judicial competente podrá inadmitir las pruebas que con arreglo al artículo 283 de la LEC considere (i) impertinentes, por no guardar relación con el objeto del proceso, o bien (ii) inútiles, cuando no puedan contribuir a esclarecer los hechos controvertidos.

La admisión de las pruebas propuestas por las partes corresponde al Juez o Tribunal sin que pueda invocarse con carácter general ese derecho a la tutela judicial efectiva, salvo que la denegación de la misma carezca de toda justificación, o bien la motivación sea insuficiente, manifiestamente arbitraria o irrazonable causando una efectiva indefensión a la parte.

En este sentido, el artículo 24.2 de la Constitución Española no atribuye un derecho ilimitado de las partes a que se admitan y se practiquen todos los medios de prueba propuestos, sino solo aquellos que, propuestos en tiempo y forma, sean lícitos y pertinentes, como ha venido reiterando la doctrina del Tribunal Constitucional.

2. Contra el Auto que inadmita alguna o algunas de las pruebas propuestas por las partes cabe interponer recurso de reposición conforme al artículo 79.1 de la LJCA, sin perjuicio de que, previa protesta —requisito *sine qua non*—, pueda hacer valer sus derechos en el recurso de apelación (art. 80.1 de la LJCA) o casación (arts. 87.1 y 88.1 de la LJCA) contra la sentencia por infracción de las normas reguladoras, siempre que le hubieran producido indefensión.

ACTIVIDAD 4

Al amparo de los artículos 267.5 de la Ley Orgánica 6/1985, del Poder Judicial, y 215.2 de la LEC sería posible que el Juez o Tribunal autor la Sentencia dictará auto por el que completara la misma con el pronunciamiento omitido o declarara no haber lugar a la misma. Si bien, contra dicha resolución judicial no cabe recurso alguno, sin perjuicio de los recursos que quepan contra la Sentencia, en cuyo caso se abriría la puerta a un camino judicial tortuoso. Tanto si es susceptible de recurso de casación en la que debería invocarse que dicha incongruencia omisiva le ha causado indefensión, como si la única vía posible fuera acudir en amparo al Tribunal Constitucional con carácter subsidiario por vulneración del derecho a la tutela judicial efectiva.

Sin embargo, en estos supuestos en los que se alegue la existencia de un vicio de incongruencia omisiva que no pueda ser reparado en la vía ordinaria resulta necesario plantear, con carácter previo a la interposición del recurso de amparo, un incidente de nulidad de actuaciones para agotar correctamente la vía judicial, en palabras del Tribunal Constitucional (STC 51/2010, de 4 de octubre).

SOLUCIONES A LAS PREGUNTAS TEST DEL CASO PRÁCTICO 17

1	2	3	4	5
d	b	d	c	d

PARA SABER MÁS…

— Sentencia del Tribunal Supremo de 10 de junio de 1997, recurso 12/1997.

— Sentencias del Tribunal Constitucional 70/2002, de 3 de abril, y 51/2010, de 4 de octubre.

Galvín Fañanas, M.ª del Rocío; Pérez Pastor, José Luis: «Incidencias procesales ante las nuevas fronteras y zonas de conflicto entre los órdenes jurisdiccionales Contencioso-Administrativo y Penal: una visión práctica a la luz de los recientes pronunciamientos judiciales», *Administración de Andalucía: revista andaluza de administración pública*, n.º 101, 2018, pp. 173-203.

CASO PRÁCTICO 18

ACTIVIDAD 1

Al tratarse de una sentencia dictada por la Sala de lo Contencioso-administrativo en única instancia, la sentencia sobre la que se plantea la consulta es susceptible de recurso de casación, conforme establece el artículo 86 de la LJCA.

El recurso debe prepararse anta la Sala de instancia, en este caso, la Sala de lo Contencioso-administrativo del Tribunal Superior de Justicia, en el plazo de treinta días desde la notificación de la resolución recurrida.

El escrito de preparación deberá cubrir los puntos indicados en el artículo 89.2 de la LJCA, abordándolos en apartados separados y encabezados con un epígrafe expresivo de su contenido, a saber:

a) Acreditar el cumplimiento de los requisitos reglados en orden al plazo, la legitimación y la recurribilidad de la resolución que se impugna.

b) Identificar con precisión las normas o la jurisprudencia que se consideran infringidas, justificando que fueron alegadas en el proceso, o tomadas en consideración por la Sala de instancia, o que esta hubiera debido observarlas aun sin ser alegadas.

c) Acreditar, si la infracción imputada lo es de normas o de jurisprudencia relativas a los actos o garantías procesales que produjo indefensión, que se pidió la subsanación de la falta o transgresión en la instancia, de haber existido momento procesal oportuno para ello.

d) Justificar que la o las infracciones imputadas han sido relevantes y determinantes de la decisión adoptada en la resolución que se pretende recurrir.

e) Justificar, en el caso de que esta hubiera sido dictada por la Sala de lo Contencioso-administrativo de un Tribunal Superior de Justicia, que la norma supuestamente infringida forma parte del Derecho estatal o del de la Unión Europea.

f) Especialmente, fundamentar con singular referencia al caso, que concurren alguno o algunos de los supuestos que, con arreglo a los apartados 2 y 3 del artículo anterior, permiten apreciar el interés casacional objetivo y la conveniencia de un pronunciamiento de la Sala de lo Contencioso-administrativo del Tribunal Supremo.

Deben tenerse en cuenta también los requisitos formales establecidos en virtud del Acuerdo de 20 de abril de 2016, de la Sala de Gobierno del Tribunal Supremo, sobre la extensión máxima y otras condiciones extrínsecas de los escritos procesales referidos al Recurso de Casación ante la Sala Tercera del Tribunal Supremo, aprobado en desarrollo de los previsto en el artículo 87 bis de la LJCA.

ACTIVIDAD 2

Tal y como prevé el artículo 86.3 de la LJCA, la competencia para conocer de los recursos de casación depende de la normativa cuya infracción se invoque como motivo de impugnación:

— Si el recurso pretende fundarse en infracción de normas de Derecho estatal o de la Unión Europea que sea relevante y determinante del fallo impugnado, la competencia para resolverlo corresponde a la Sala de lo Contencioso-administrativo del Tribunal Supremo.

— Si, por el contrario, el recurso se sustentara en la infracción de la normativa autonómica, la competencia correspondería a una Sección de la Sala de lo Contencioso-administrativo del Tribunal Superior de Justicia compuesta por el Presidente de dicha Sala, que la presidirá, por el Presidente o Presidentes de las demás Salas de lo Contencioso-administrativo y, en su caso, de las Secciones de las mismas, en número no superior a dos, y por los Magistrados de la referida Sala o Salas que fueran necesarios para completar un total de cinco miembros.

Por tanto, la respuesta a la pregunta planteada dependerá del razonamiento que se haga sobre la motivación de la impugnación de la sentencia:

— Cabría interponer recurso de casación por infracción de la normativa estatal, por cuanto se habría conculcado el artículo 4 de la Ley 34/1998, de 7 de octubre, del sector de hidrocarburos.

— Adicionalmente, podría plantearse interponer recurso de casación por infracción de la normativa autonómica, en concreto, el artículo 60 de la Ley 2/2016, de 10 de febrero, del suelo de Galicia.

ACTIVIDAD 3

El recurso de casación, tal y como se prevé en el artículo 88 de la LJCA, está sujeto a un trámite de admisibilidad en el que la Sala de Casación debe analizar si, más allá de basarse en una concreta infracción del ordenamiento jurídico, procesal o sustantiva, el recurso presenta interés casacional objetivo para la formación de jurisprudencia.

El apartado 2 del artículo citado, establece un catálogo de motivos en lo que puede entender la Sala de Casación que concurre interés casacional objetivo en función del contenido de la sentencia impugnada, con carácter no exhaustivo:

a) Fije, ante cuestiones sustancialmente iguales, una interpretación de las normas de Derecho estatal o de la Unión Europea en las que se fundamenta el fallo contradictorio con la que otros órganos jurisdiccionales hayan establecido.

b) Siente una doctrina sobre dichas normas que pueda ser gravemente dañosa para los intereses generales.

c) Afecte a un gran número de situaciones, bien en sí misma o por trascender del caso objeto del proceso.

d) Resuelva un debate que haya versado sobre la validez constitucional de una norma con rango de ley, sin que la improcedencia de plantear la pertinente cuestión de inconstitucionalidad aparezca suficientemente esclarecida.

e) Interprete y aplique aparentemente con error y como fundamento de su decisión una doctrina constitucional.

f) Interprete y aplique el Derecho de la Unión Europea en contradicción aparente con la jurisprudencia del Tribunal de Justicia o en supuestos en que aun pueda ser exigible la intervención de este a título prejudicial.

g) Resuelva un proceso en que se impugnó, directa o indirectamente, una disposición de carácter general.

h) Resuelva un proceso en que lo impugnado fue un convenio celebrado entre Administraciones públicas.

i) Haya sido dictada en el procedimiento especial de protección de derechos fundamentales.

Asimismo, el apartado 3 establece los supuestos en los que se presume que concurre interés casacional objetivo, sin perjuicio de que en los supuestos *a*), *d*) y *e*) la Sala puede descartarlo si aprecia que el asunto carece manifiestamente de interés casacional para la formación de jurisprudencia:

a) Cuando en la resolución impugnada se hayan aplicado normas en las que se sustente la razón de decidir sobre las que no exista jurisprudencia.

b) Cuando dicha resolución se aparte deliberadamente de la jurisprudencia existente al considerarla errónea.

c) Cuando la sentencia recurrida declare nula una disposición de carácter general, salvo que esta, con toda evidencia, carezca de trascendencia suficiente.

d) Cuando resuelva recursos contra actos o disposiciones de los organismos reguladores o de supervisión o agencias estatales cuyo enjuiciamiento corresponde a la Sala de lo Contencioso-administrativo de la Audiencia Nacional.

e) Cuando resuelva recursos contra actos o disposiciones de los Gobiernos o Consejos de Gobierno de las Comunidades Autónomas.

ACTIVIDAD 4

En aplicación de lo previsto en el artículo 87 bis de la LJCA el recurso de casación debe basarse exclusivamente en cuestiones de derecho, con exclusión de las cuestiones de hecho.

No obstante, el artículo 93.3 de la LJCA permite que la Sala de Casación pueda integrar en los hechos admitidos como probados por la Sala de instancia aquellos que, habiendo sido omitidos por ésta, estén suficientemente justificados según las actuaciones y cuya toma en consideración resulte necesaria para apreciar la infracción alegada de las normas del ordenamiento jurídico o de la jurisprudencia, incluso la desviación de poder.

Con respecto de la pretensión impugnatoria, el artículo 87 bis.2 de la LJCA establece que las pretensiones del recurso deberán tener por objeto la anulación, total o parcial, de la sentencia o auto impugnado y, en su caso, la devolución de los autos al Tribunal de instancia o la resolución del litigio por la Sala de lo Contencioso-administrativo del Tribunal Supremo dentro de los términos en que apareciese planteado el debate.

SOLUCIONES A LAS PREGUNTAS TEST DEL CASO PRÁCTICO 18

1	2	3	4	5
d	b	c	a	b

PARA SABER MÁS...

— Auto del Tribunal Supremo, de 5 de diciembre de 2018, dictado en relación con el recurso de casación 3606/2018.

— Acuerdo de 19 de mayo de 2016, del Consejo General del Poder Judicial, por el que se publica el Acuerdo de 20 de abril de 2016, de la Sala de Gobierno del Tribunal Supremo, sobre la extensión máxima y otras condiciones extrínsecas de los escritos procesales referidos al Recurso de Casación ante la Sala Tercera del Tribunal Supremo.

— Gabinete Técnico del Tribunal Supremo, Área de Contencioso-administrativo, Doctrina jurisprudencial sistematizada sobre la nueva regulación del recurso de casación (LO 7/2015), 5.ª ed., revisada y ampliada, 22 de julio de 2019. Accesible en: http://www.poderjudicial.es/cgpj/es/Poder-Judicial/Tribunal-Supremo/Actividad-del-TS/Estudios/Doctrina-jurisprudencial-sobre-la-nueva-regulacion-del-Recurso-de-Casacion--L-O--7-2015----5--edicion--revisada-y-ampliada--22-de-julio-de-2019

CANCIO FERNÁNDEZ, Raúl César: *El nuevo recurso de casación en el orden contencioso-administrativo*, Aranzadi, 2015.

FERNÁNDEZ GARCÍA, José Francisco: «Lo nuevo y lo viejo del recurso de casación contencioso-administrativo: admisibilidad y motivos de impugnación», *Revista de administración pública*, n.º 202, 2017, pp. 337-379.

PAREJO ALFONSO, Luciano: «Algunas reflexiones sobre la novedad del recurso de casación en el orden jurisdiccional de lo contencioso-administrativo», *Administración de Andalucía: revista andaluza de administración pública*, n.º 100, 2018.

RAZQUIN LIZARRAGA, José Antonio: «Primer balance del nuevo recurso de casación contencioso-administrativo», *Revista Vasca de Administración Pública*, n.º 110, 2018, pp. 239-282.

4. PREGUNTAS TEST

4.1. ESPECIALIDAD JURÍDICA EN ADMINISTRATIVO Y CONTENCIOSO-ADMINISTRATIVO

1. Alberto sufrió una caída en una calle, y presentó una reclamación por responsabilidad patrimonial que fue desestimada por resolución de la Alcaldía del municipio donde tuvo lugar la caída. La notificación de esta resolución tuvo lugar ayer, ¿qué opciones de impugnación le quedan?

a) Recurso de alzada.
b) Recurso potestativo de reposición.
c) Recurso de apelación.
d) Recurso de revisión.

2. Para el cómputo de un plazo administrativo, los sábados se consideran:

a) Días naturales.
b) Días festivos.
c) Días inhábiles.
d) Días hábiles.

3. A María le notifican una resolución de una Consejería autonómica en la que le dan un plazo de diez días para presentar alegaciones. A la hora de computar el plazo:

a) Siempre que por Ley o en el Derecho de la Unión Europea no se exprese otro cómputo, cuando los plazos se señalen por días, se entiende que éstos son hábiles.
b) Se entiende que los días son naturales.
c) Se entiende que los días son hábiles y solo se excluyen del cómputo los domingos y los festivos.
d) Se estará a lo que determine la notificación y, si no indica nada, entonces los días serán siempre naturales.

4. Mohamed residente legal en España, solicita una autorización de residencia de larga duración, que le es denegada por la Subdelegación del Gobierno en Barcelona mediante resolución que pone fin a la vía administrativa. ¿Qué órgano es competente para conocer del recurso contencioso administrativo frente a ese acto?

a) El Juzgado de lo Contencioso-administrativo.
b) El Juzgado Central de lo Contencioso-administrativo.
c) La Sala de lo Contencioso-administrativo del Tribunal Superior de Justicia de Cataluña.
d) La Sala de lo Contencioso-administrativo de la Audiencia Nacional.

5. Antonia, funcionaria de Policía Local de Salamanca, es expulsada del cuerpo policial mediante resolución del Pleno del Ayuntamiento de Salamanca. Antonia decide impugnar tal resolución ante la jurisdicción contencioso-administrativa. ¿Es preceptiva la intervención de Abogado en este caso?

a) No, porque es funcionaria pública y podrá comparecer por sí misma en defensa de sus derechos estatutarios.
b) No, podrá comparecer por sí misma, pero deberá conferir su representación a un Procurador.
c) No, no será preceptiva ni la intervención de Abogado ni la de Procurador.
d) Sí, al tratarse de una cuestión de personal que implica la separación de un empleado público inamovible.

6. Fernando, Letrado en ejercicio, quiere impugnar una sanción en materia de medio ambiente que le han impuesto a su cliente por importe de 30.000 euros. En atención a la cuantía del proceso, se tramitará por los cauces:

a) Del procedimiento ordinario.
b) Del procedimiento monitorio.
c) Del procedimiento abreviado.
d) De los procedimientos especiales.

7. Ramón presentó su declaración de la renta, como persona física, dentro del plazo reglamentario. Posteriormente la Administración tributaria, tras un procedimiento de comprobación limitada, le gira una liquidación provisional. Para la interposición de reclamación económico-administrativa ante el Tribunal Económico Administrativo Regional:

a) Es preceptiva la intervención de Abogado si la cuantía de la reclamación económico-administrativa es superior a 6.000 euros.
b) No es necesaria la intervención de Abogado ni Procurador.

c) Es preceptiva la intervención de Abogado y Procurador.
d) Es preceptiva la intervención de Abogado, pero no de Procurador.

8. En el caso anterior, ¿cuál es el plazo para la interposición de la reclamación económico-administrativa?

a) Un mes.
b) Dos meses.
c) Tres meses.
d) Quince días.

9. La tramitación simplificada del procedimiento administrativo:

a) No está regulada expresamente.
b) Permite al interesado formular su oposición expresa.
c) Se podrá adoptar cuando se considere que existen elementos de juicio suficientes para calificar la infracción como leve.
d) Está expresamente prohibida.

10. El Ayuntamiento de Vélez-Blanco (Almería) inició un procedimiento sancionador contra Carmen. Pero transcurridos diez meses y diez días desde el trámite de alegaciones, no se ha dictado ninguna resolución. Ha tenido lugar el vencimiento del plazo máximo establecido sin que se haya dictado resolución expresa, por lo que:

a) El procedimiento sancionador es nulo de pleno derecho.
b) Se ha producido el silencio administrativo positivo.
c) Se ha producido la prescripción.
d) Se ha producido la caducidad.

11. En el procedimiento ordinario, recibido el expediente administrativo, y en su caso completados los emplazamientos, el plazo para la interposición de la demanda es:

a) Treinta días.
b) Veinte días.
c) Dos meses.
d) Diez días.

12. María Gema, Abogada del Estado en ejercicio, está contestando una demanda, y pretende alegar una causa de inadmisibilidad del recurso. Señale cuál de las siguientes no es una causa de inadmisibilidad legalmente prevista:

a) Cosa juzgada.

b) Que se hubiera presentado el escrito inicial del recurso fuera del plazo establecido.

c) Que el recurso se hubiera interpuesto por persona incapaz.

d) Cuando se trate de actos dictados por órgano manifiestamente incompetente por razón del territorio.

13. Pilar está redactando la demanda de un procedimiento ordinario; según la Ley de la Jurisdicción Contencioso Administrativa, si impugna un instrumento normativo de planeamiento urbanístico, la cuantía del procedimiento será:

a) Indeterminada.

b) El valor económico total del objeto de la reclamación.

c) La diferencia de la cuantía entre el objeto de la reclamación y el del acto que motivó el recurso.

d) 30.000 euros.

14. Sandra representa a una Asociación de Pesebres de Barcelona y ha comunicado por escrito la celebración de una manifestación para protestar contra determinadas decisiones políticas con diez días de antelación. La Administración competente ha dictado resolución motivada en la que acuerda un cambio en el itinerario de la manifestación. Sandra, como presidente de la Asociación, acude a un Abogado para impugnar tal decisión. ¿Qué órgano jurisdiccional es el competente?

a) La Sala de lo Contencioso-administrativo del Tribunal Superior de Justicia.

b) El Juzgado de lo Contencioso-administrativo.

c) La Sala de lo Contencioso-administrativo de la Audiencia Nacional.

d) No cabe recurso jurisdiccional, únicamente amparo ante el Tribunal Constitucional, al tratarse de un derecho fundamental.

15. Pablo, tu cliente, ha obtenido una Sentencia favorable en la que se condena al Ayuntamiento de Madrid a indemnizarle con la cantidad de 20.000 euros. Esta Sentencia es firme. ¿Cuándo puede instar la ejecución forzosa en caso de que no se le abone esta cantidad de forma voluntaria?

a) Transcurridos veinte días desde la firmeza.

b) Dos meses desde la firmeza.

c) Tres meses desde la firmeza.

d) Un mes desde la firmeza.

16. Ramón, funcionario público, se ha enterado de que uno de sus compañeros se ha visto favorecido por una Sentencia en la que se le reconoce un complemento específico como funcionario. Señale cuál de los siguientes NO es un requisito para poder solicitar la extensión de efectos:

a) Que los interesados se encuentren en idéntica situación jurídica que los favorecidos por el fallo.

b) Que soliciten la extensión de los efectos de la sentencia en el plazo de un año desde la última notificación de esta a quienes fueron parte en el proceso.

c) Que los funcionarios públicos tengan una antigüedad mínima de cinco años.

d) Que el juez o tribunal sentenciador fuera también competente, por razón del territorio, para conocer de sus pretensiones de reconocimiento de dicha situación individualizada.

17. Teresa, tu cliente, está indignada por la Sentencia que le acaban de notificar en relación con una expropiación forzosa, y te pide que la recurras en casación. ¿Cuál es el plazo para interponer el recurso de casación?

a) Dos meses, contados desde el siguiente al de la notificación de la resolución que se recurre.

b) Diez días, contados desde el siguiente al de la notificación de la resolución que se recurre.

c) Veinte días, contados desde el siguiente al de la notificación de la resolución que se recurre.

d) Treinta días, contados desde el siguiente al de la notificación de la resolución que se recurre.

18. Jordi está disconforme con el contenido de una diligencia de ordenación dictada por la Letrada de la Administración de Justicia, y quiere recurrirla en reposición. ¿Es necesario el pago de algún depósito para ese recurso?

a) No.

b) Sí, por importe de 25 euros.

c) Sí, por importe de 30 euros.

d) Sí, por importe de 50 euros.

19. La situación que autoriza a un extranjero a permanecer en España por un período superior a noventa días e inferior a cinco años se denomina:

a) Residencia de larga duración.

b) Residencia temporal.

c) Estancia.

d) Residencia de larga duración por razones de arraigo.

20. Manuela es la Letrada de una empresa constructora que solicita a la Administración pública competente que expropie unos terrenos para poder ampliar una autopista. La empresa a la que representa Manuela será calificada, de llevarse a cabo la expropiación como:

a) Expropiante.
b) Beneficiaria.
c) Expropiada.
d) Tercero interesado.

21. Javier ha recibido la notificación de un acto administrativo expreso, que pone fin a la vía administrativa, por el que considera vulnerado un derecho fundamental. El plazo para interponer recurso por el cauce del procedimiento especial para la protección de los derechos fundamentales de la persona es:

a) Veinte días.
b) Treinta días.
c) Diez días.
d) Ocho días.

22. Adriana está redactando la demanda de un recurso ordinario relativo a contratación administrativa. Si quiere solicitar el recibimiento del proceso a prueba:

a) Deberá hacerlo en la vista.

b) Podrá pedir el recibimiento del proceso a prueba en la demanda por medio de otrosí.

c) No cabe otra prueba que no sea la documental.

d) Deberá esperar a la contestación a la demanda de la Administración y entonces podrá solicitar la práctica de cualquier prueba.

23. La Administración autonómica dictó un acto administrativo favorable a Rosa. Posteriormente, esta recibió una notificación en la que se indica que se va a iniciar un procedimiento para la declaración de lesividad de tal acto. La declaración de lesividad:

a) No podrá adoptarse una vez transcurridos cuatro años desde que se dictó el acto administrativo.

b) Podrá adoptarse en cualquier momento sin sujeción a plazo.

c) No podrá adoptarse una vez transcurridos dos años desde que se dictó el acto administrativo.

d) No podrá adoptarse una vez transcurrido un año desde que se dictó el acto administrativo.

24. Esperanza acude a tu despacho para encargarte la interposición de una demanda contra un Ayuntamiento por una caída que tuvo en la vía pública. Cuando estás preparando la demanda, te das cuenta de que en el expediente administrativo figura que el Ayuntamiento está asegurado por una empresa aseguradora privada. ¿Dónde debes interponer la demanda?

a) En el Juzgado de Primera Instancia.

b) En el Juzgado de lo Contencioso-administrativo.

c) A elección del demandante, en el Juzgado de Primera Instancia o en el Juzgado de lo Contencioso-administrativo.

d) Si hay acto expreso, en el Juzgado de lo Contencioso-administrativo, y si se recurre contra la desestimación presunta por silencio administrativo, en el Juzgado de Primera Instancia.

25. En un proceso que está pendiente de Sentencia, se te notifica una Providencia en la que se concede un plazo común de diez días para formular alegaciones, al estimar el órgano judicial que la cuestión sometida a su conocimiento pudiera no haber sido apreciada debidamente por las partes, por existir en apariencia otros motivos susceptibles de fundar el recurso o la oposición. Contra la expresada providencia:

a) No cabrá recurso alguno.

b) Cabrá recurso de reposición.

c) Cabrá recurso de reforma.

d) Cabrá recurso de apelación.

26. ¿Cómo puede acreditarse la representación ante las Administraciones públicas?

a) Exclusivamente, mediante apoderamiento *apud acta* efectuado por comparecencia personal o comparecencia electrónica en la correspondiente sede electrónica, o a través de la acreditación de su inscripción en el registro electrónico de apoderamientos de la Administración Pública competente.

b) Por cualquier medio válido en Derecho que deje constancia fidedigna de su existencia.

c) Exclusivamente, mediante escritura notarial o apoderamiento *apud acta* efectuado por comparecencia personal.

d) Preferentemente, a través de la acreditación de su inscripción en el registro electrónico de apoderamientos de la Administración Pública competente.

27. Martín presenta un recurso de reposición contra una resolución sancionadora dictada por el Ayuntamiento de Sevilla en nombre de Pablo. Días después de la presentación, el funcionario responsable de la tramitación del recurso descubre

que no se ha acreditado la representación para que Martín actuara en nombre de Pablo ante la Administración. ¿Qué efecto determina esa circunstancia?

a) No impedirá que se tenga por realizado el acto de que se trate, siempre que se aporte acreditación de la representación o se subsane el defecto dentro del plazo de diez días que deberá conceder al efecto el órgano administrativo, o de un plazo superior cuando las circunstancias del caso así lo requieran.

b) Se considerará presentado el recurso de reposición desde la fecha en que se aporte acreditación de la representación o se subsane el defecto, siempre que la aportación o subsanación se produzca dentro del plazo de diez días y dentro del plazo para interponer la impugnación.

c) El recurso se tiene por presentado a menos que el Ayuntamiento requiera al interesado para que acredite la representación, en cuyo caso necesariamente ha de conceder un plazo de diez días.

d) El recurso se tiene por presentado, si bien no puede ser resuelto hasta que la falta de representación sea subsanada.

28. Lois quiere presentar una solicitud para renovar su permiso de conducir ante la Dirección Provincial de Tráfico de A Coruña. ¿En qué lengua puede presentarla?

a) Únicamente en castellano, al dirigirse a un órgano de la Administración General del Estado.

b) En castellano o en gallego, al ser la lengua cooficial en la Comunidad Autónoma donde el órgano destinatario de la solicitud tiene su sede.

c) En castellano, gallego, vasco, catalán o valenciano, por ser estas las lenguas cooficiales en España.

d) En cualquiera de las lenguas oficiales en la Unión Europea.

29. Sergio presenta un recurso de alzada contra una resolución sancionadora dictada de forma expresa por el concejal delegado de Tráfico del Ayuntamiento de Cádiz el 15 de enero. El 25 de junio, estando pendiente de resolución el recurso, te consulta sobre el sentido del silencio administrativo en este caso:

a) El recurso de alzada debe entenderse desestimado.

b) El recurso de alzada debe entenderse estimado.

c) El silencio administrativo no opera con respecto de los recursos administrativos.

d) Al referirse el recurso a una resolución sancionadora, la falta de resolución en plazo determina la caducidad del procedimiento y el archivo de las actuaciones.

30. ¿Desde cuándo producen efectos los actos dictados por silencio administrativo?

a) Desde que se solicita a la Administración certificado sobre el sentido del silencio en el caso concreto.

b) Desde que la Administración expide certificado sobre el sentido del silencio administrativo en el caso concreto.

c) Desde el vencimiento del plazo máximo en el que debe dictarse y notificarse la resolución expresa sin que la misma se haya expedido.

d) Desde el momento en que el interesado lo invoque frente a un tercero, siempre que se haya superado el plazo máximo para dictar resolución y notificarla.

31. Antonio vive en Barcelona. Se dispone a presentar un recurso de alzada dirigido al Ministro del Interior contra una resolución notificada el 11 de agosto. El 11 de septiembre es festivo en Cataluña. ¿Cuándo expira el plazo para interponer el recurso?

a) El 11 de septiembre, al no ser relevante el calendario de días hábiles de Cataluña, sino de Madrid, comunidad autónoma en la que tiene su sede el órgano destinatario del recurso.

b) El 11 de septiembre, si bien puede obtener una prórroga del plazo si lo solicita de forma motivada ante el Ministro del Interior con carácter previo al vencimiento.

c) Al ser inhábil el 11 de septiembre en el lugar del domicilio del interesado, el plazo se entiendo prorrogado al primer día hábil siguiente.

d) Al ser inhábil el 11 de septiembre en el lugar del domicilio del interesado, el plazo se entiendo prorrogado al primer día hábil siguiente siempre que el recurso se presente físicamente en el municipio donde reside.

32. Carmen ha sido sancionada por exceso de velocidad. Recibe la notificación por correo certificado el 21 de junio y mediante notificación electrónica el 23 de junio. ¿Desde cuándo ha de considerarse que surte efectos la notificación?

a) Desde el 21 de junio, al prevalecer siempre la fecha de la notificación que se haga por escrito frente a cualquier otra.

b) Desde el 21 de junio, por ser la que se ha producido en primer lugar.

c) Desde el 23 de junio, por la que se ha producido más recientemente.

d) Desde el 23 de junio, al prevalecer siempre la fecha de la notificación que se haga por medio electrónicos frente a cualquier otra.

33. Los actos de las Administraciones no serán inmediatamente ejecutivos cuando:

a) Se produzca la suspensión de la ejecución del acto.
b) Se trate de una resolución de un procedimiento de naturaleza sancionadora contra la que quepa algún recurso en vía administrativa, incluido el potestativo de reposición.
c) Se necesite aprobación o autorización superior.
d) Todas las respuestas son correctas.

34. ¿Qué órgano es competente para la revisión de oficio de un acto dictado por la Ministra de Hacienda?

a) El presidente del Gobierno.
b) La vicepresidenta y ministra de Economía y Transformación Digital.
c) La ministra de Hacienda.
d) El Consejo de Ministros.

35. Valeria, abogada de profesión, recibe una notificación del Ayuntamiento de Oñate mediante la que se le comunica la denegación de la licencia de obras que había solicitado para la rehabilitación de la vivienda unifamiliar en la que reside. La resolución denegatoria está suscrita por el concejal de Urbanismo del Ayuntamiento. Frente a la misma fórmula impugna mediante un escrito que califica como recurso de reposición. Días después, se da cuenta de que tenía que haber interpuesto recurso de alzada frente a la Alcaldía-presidencia del Ayuntamiento. ¿Qué efecto tiene el error cometido con respecto de la tramitación del recurso?

a) El Ayuntamiento debe inadmitirlo, sobre todo teniendo en cuenta la condición de abogada de la interesada.
b) El error de la calificación del recurso por parte del recurrente no será obstáculo para su tramitación, siempre que se deduzca su verdadero carácter.
c) El Ayuntamiento debe conceder un plazo de subsanación a la interesada, y si lo subsana en plazo continuará con la tramitación.
d) El Ayuntamiento debe desestimar el recurso, pues el error en la calificación demuestra su falta manifiesta de fundamento.

36. Cristina quiere interponer un recurso de alzada contra la resolución del concejal de urbanismo de Cuéllar por la que se desestima la solicitud de ocupación de vía pública para instalar la terraza del bar del que es propietaria, ¿Ante qué órgano debe interponerlo?

a) Exclusivamente, ante el alcalde.
b) Exclusivamente, ante el concejal de Urbanismo.

c) Exclusivamente, ante el secretario general de la corporación municipal.
d) El recurso podrá interponerse ante el órgano que dictó el acto que se impugna o ante el competente para resolverlo.

37. Ione vio desestimada una solicitud de licencia de caza formulada ante la Consejería de Agricultura de la Junta de Castilla y León. Contra dicha desestimación interpuso recurso de alzada. Transcurridos cuatro meses desde la interposición del recurso y asumiendo que había sido desestimado por silencio administrativo, interpuso recurso contencioso-administrativo: ¿Qué efectos tiene la interposición del recurso contencioso-administrativo con respecto de la obligación de resolver de la Administración?

a) La obligación de resolver, aunque sea de forma extemporánea, persiste.
b) Al estar sometida la cuestión al conocimiento de la autoridad judicial la Administración debe abstenerse de resolver.
c) La Administración solamente ha de resolver de forma expresa si el sentido de la resolución es estimatorio.
d) La Administración solamente puede resolver de forma expresa si el sentido de la resolución es desestimatorio y, por tanto, confirma el sentido del silencio.

38. Manu presenta una comunicación previa para la apertura de una pequeña peluquería situada en Mataró. Transcurridos quince días desde la presentación, al no haber recibido respuesta del Ayuntamiento, se pone en contacto con el Departamento de licencias, donde le confirman que el trámite de comunicación previa es el adecuado, conforme a la normativa de aplicación, pero que debido a la alta carga de trabajo del Departamento todavía no ha sido objeto de análisis por parte de los técnicos municipales. ¿Qué implicaciones tiene esta situación con respecto del inicio de la actividad de la peluquería?

a) La comunicación previa surte efectos desde el día de su presentación, siempre que se hayan ejercitado las debidas facultades de comprobación, control e inspección que tengan atribuidas las Administraciones Públicas, por lo que la falta de respuesta impide iniciar la actividad.
b) Al tratarse de una comunicación previa y no de una declaración responsable, la falta de respuesta por parte de la Administración, aunque solamente fuera para acusar recibo de la misma, determina la imposibilidad de iniciar la actividad.
c) Ante la falta de respuesta de la Administración, Manu debe interponer un recurso contencioso-administrativo por inactividad administrativa, a fin de evitar mayores dilaciones para la obtención del título habilitante que le permita abrir su negocio.

d) La comunicación previa surte efectos desde el día de su presentación, sin perjuicio de las facultades de comprobación, control e inspección que tengan atribuidas las Administraciones Públicas, por lo que la falta de respuesta no impide iniciar la actividad.

39. ¿Cuál de las siguientes materias no es objeto de conocimiento por parte de los juzgados y tribunales de lo Contencioso-administrativo?

a) La actuación de la Administración electoral, en los términos previstos en la Ley Orgánica del Régimen Electoral General.
b) Las disposiciones de carácter general aprobadas por las entidades que integran la Administración local.
c) El recurso contencioso-disciplinario militar.
d) Los actos y disposiciones en materia de personal, administración y gestión patrimonial sujetos al derecho público adoptados por los órganos competentes del Congreso de los Diputados, del Senado, del Tribunal Constitucional, del Tribunal de Cuentas y del Defensor del Pueblo, así como de las Asambleas Legislativas de las Comunidades Autónomas y de las instituciones autonómicas análogas al Tribunal de Cuentas y al Defensor del Pueblo.

40. El Consejo de Gobierno de la Junta de Castilla y León impone una sanción de 60.001 euros a una empresa por la comisión de una infracción medioambiental. ¿Cuál es el órgano competente para conocer de la impugnación de esa resolución sancionadora?

a) El Juzgado de lo Contencioso-administrativo.
b) La Sala de lo Contencioso-administrativo del Tribunal Superior de Justicia.
c) El Juzgado Central de lo Contencioso-administrativo.
d) La Sala Tercera del Tribunal Supremo.

41. La Comisión Nacional de los Mercados y la Competencia requiere el acceso e inspección en el local de una empresa y esta se opone a facilitárselo. ¿Ante qué órgano debe solicitar la autorización para llevar a término la actuación indicada?

a) Consejo de Ministros.
b) Juzgado Central de lo Contencioso-administrativo.
c) Juzgado de lo Contencioso-administrativo.
d) Sala de lo Contencioso-administrativo del Tribunal Superior de Justicia.

42. Electrofuturo, S.A. quiere impugnar una resolución del Director General de Política Energética y Minas del Ministerio para la Transición Ecológica que establece la retribución de las empresas distribuidoras de electricidad, ¿Ante qué órgano debe interponer su recurso contencioso-administrativo?

a) Sala de lo Contencioso-administrativo de la Audiencia Nacional.
b) Sala de lo Contencioso-administrativo del Tribunal Superior de Justicia.
c) Sala Tercera del Tribunal Supremo.
d) Juzgado Central de lo Contencioso-administrativo.

43. Ramiro, funcionario adscrito al Defensor del Pueblo, quiere interponer un recurso contra la denegación de un permiso de paternidad adoptada por el Secretario General de la institución. ¿Ante qué órgano jurisdiccional puede interponer su recurso contencioso-administrativo?

a) Al tratarse de una cuestión de personal, el orden jurisdiccional competente es el Social.
b) La Sala de lo Contencioso-administrativo del Tribunal Supremo.
c) La Sala de lo Contencioso-administrativo de la Audiencia Nacional.
d) El Juzgado Central de lo Contencioso-administrativo.

44. Pedro quiere interponer un recurso contencioso-administrativo contra una actuación en vía de hecho del Ayuntamiento de la localidad donde reside. Señala la opción correcta:

a) Puede hacerlo directamente, desde el momento que se produzca la actuación administrativa contraria al ordenamiento.
b) Para poder interponer el recurso ha de intimar la cesación de la actuación y esperar el transcurso de diez días.
c) Puede optar por intimar la cesación de la actuación administrativa, sin que ello impida que interponga directamente el recurso contencioso-administrativo en cualquier momento.
d) Debe agotar la vía administrativa, mediante la presentación del correspondiente recurso de alzada, antes de acudir a la vía jurisdiccional.

45. ¿Qué recurso puede interponerse contra la decisión de un juzgado o tribunal sobre la acumulación de procedimientos en el orden Contencioso-administrativo?

a) Recurso de alzada.
b) Recurso de reposición.
c) Recurso de apelación.
d) Recurso de queja.

46. El Ayuntamiento de Sabadell se plantea impugnar un Decreto del Conseller de Territori i Sostenibilitat de la Generalitat de Catalunya, ¿cómo debe proceder?

a) Los Ayuntamientos no pueden impugnar las disposiciones de carácter general dictadas por las Comunidades Autónomas.

b) Debe presentar recurso de reposición ante el Conseller.

c) Debe requerir al Conseller para que derogue la disposición, con carácter previo a acudir a la vía jurisdiccional.

d) Puede interponer directamente el recurso contencioso-administrativo, o bien requerir al Conseller para que derogue la disposición.

47. Durante la tramitación de un recurso contencioso-administrativo, la Administración incumple el plazo conferido para la remisión del expediente. Señala la respuesta correcta:

a) Automáticamente se impondrá multa a la Administración por cada día de retraso en la remisión del expediente.

b) Ante la imposibilidad de conocer los antecedentes fácticos relevantes para la resolución del pleito, el Juzgado o Tribunal decretará el archivo de las actuaciones.

c) La parte recurrente puede solicitar, solamente si así se lo indica el Letrado de la Administración de Justicia, que se le conceda plazo para formalizar demanda.

d) La parte recurrente puede solicitar, por sí, que se le conceda plazo para formalizar demanda.

48. En el curso de un recurso contencioso-administrativo tramitado como recurso ordinario, tu cliente se plantea desistir del recurso en la fase más avanzada posible, ¿cuál es?

a) Se puede desistir en cualquier momento anterior a la sentencia.

b) Se puede desistir en cualquier momento a la declaración de las actuaciones como conclusas para dictar sentencia.

c) Se puede desistir hasta la formulación de conclusiones.

d) Se puede desistir hasta la práctica de la prueba.

49. Señala la opción correcta: En un recurso contencioso-administrativo en el que hayan comparecido varios recurrentes:

a) Solo cabe el desistimiento si todos los recurrentes desisten simultáneamente.

b) Solo cabe el desistimiento si el resto de recurrentes no formulan oposición al respecto.

c) El procedimiento continuará con respecto de aquellos que no hubieran desistido.

d) No cabe el desistimiento en los procedimientos con varios recurrentes.

50. Con carácter general, ¿En qué fase del procedimiento pueden solicitar las partes la adopción de medidas cautelares para asegurar la efectividad de la sentencia?

a) En cualquier fase del procedimiento.
b) En el escrito de interposición exclusivamente.
c) En el escrito de interposición o en el de demanda.
d) En el escrito de interposición, en el de demanda o en el de conclusiones.

51. Con carácter general, la interposición de un recurso de apelación contra una Sentencia de un Juzgado de lo Contencioso Administrativo:

a) Requiere un depósito de 25 euros.
b) Requiere un depósito de 50 euros.
c) Requiere un depósito de 60 euros.
d) No requiere el abono de ningún depósito.

52. Montserrat es sancionada por el Ayuntamiento, por una infracción de tráfico, con una sanción de multa de 600 euros. Montserrat acude a su Abogada María Paz para que recurra la sanción. La intervención de Procurador:

a) Es preceptiva.
b) Es facultativa.
c) Es preceptiva si Montserrat es funcionaria pública.
d) Es facultativa, al igual que la asistencia letrada, dada la cuantía de la multa.

53. Señale cuál de las siguientes Sentencias no será susceptible de recurso de apelación:

a) Las dictadas en el procedimiento para la protección de los derechos fundamentales de la persona.
b) Las que resuelvan litigios entre Administraciones públicas.
c) Las dictadas en asuntos de 30.000 euros de cuantía.
d) Las que resuelvan impugnaciones indirectas de disposiciones generales.

54. Contra las providencias y los autos del Tribunal Supremo de admisión o inadmisión de recursos de casación:

a) No cabrá recurso alguno.
b) Cabrá recurso de reposición.

c) Cabrá recurso de queja.

d) Cabrá recurso de súplica.

55. El órgano competente para conocer en primera instancia, de las resoluciones que acuerden la inadmisión de las peticiones de asilo político es:

a) El Juzgado Central de lo Contencioso-administrativo.

b) El Juzgado de lo Contencioso-administrativo.

c) La Sala de lo Contencioso-administrativo del Tribunal Superior de Justicia.

d) La Sala de lo Contencioso-administrativo de la Audiencia Nacional.

56. Conocerá en única instancia de los recursos que se deduzcan en relación con los actos y disposiciones del Consejo General del Poder Judicial:

a) La Sala de lo Contencioso-administrativo de la Audiencia Nacional.

b) El Juzgado Central de lo Contencioso-administrativo.

c) La Sala de lo Contencioso-administrativo del Tribunal Supremo.

d) La Sala de lo Contencioso-administrativo del Tribunal Superior de Justicia de Madrid.

57. En el caso de una expropiación, el premio de afección es:

a) Una cantidad que asciende al 5 por 100 del justiprecio.

b) Una cantidad que asciende al 1 por 100 del justiprecio.

c) Una cantidad que asciende al 3 por 100 del justiprecio.

d) Una cantidad que oscila entre el 1 por 100 y el 10 por 100 del justiprecio.

58. María, funcionaria municipal del Ayuntamiento de Valladolid llegaba tarde a su puesto de trabajo un lunes. Para intentar ganar tiempo se salta un semáforo, pero es sorprendida por agentes de la policía local, que le imponen una multa. Una vez tramitado el expediente, y recibida la resolución sancionadora en su domicilio, María decide recurrirla en reposición ante el Ayuntamiento. En la presentación del recurso:

a) María estará obligada a relacionarse a través de medios electrónicos con las Administración Pública al ser empleada pública.

b) María podrá elegir en todo momento si se comunica con la Administración Pública a través de medios electrónicos o no.

c) María estará obligada a relacionarse a través de medios electrónicos con las Administración Pública si el trámite de alegaciones lo hizo de forma electrónica, ya que no sería posible modificar el medio elegido.

d) María estará obligada a relacionarse a través de medios electrónicos con las Administración Pública al igual que todas las personas físicas.

59. El plazo de interposición del recurso especial en materia de contratación, regulado por la Ley 9/2017, de 8 de noviembre, de Contratos del Sector Público, es de:

a) Dos meses.
b) Treinta días.
c) Un mes.
d) Quince días hábiles.

60. La sentencia que resuelva una cuestión de ilegalidad:

a) No afectará a la situación jurídica concreta derivada de la sentencia dictada por el Juez o Tribunal que planteó aquella.
b) Afectará a la situación jurídica concreta derivada de la sentencia dictada por el Juez o Tribunal que planteó aquella.
c) Afectará o no a la situación jurídica concreta derivada de la sentencia dictada por el Juez o Tribunal que planteó aquella, según lo que se decida en Sentencia.
d) Afectará a la situación jurídica concreta derivada de la sentencia dictada por el Juez o Tribunal que planteó aquella salvo que se trate de un caso de derechos fundamentales.

61. La Dirección General de una Comunidad Autónoma impone a Rosario una multa por importe de 92.500 euros, y la sanción impuesta agota la vía administrativa. Para recurrir tal acto administrativo sancionador, será competente:

a) El Juzgado de lo Contencioso-administrativo correspondiente al lugar donde Rosario tenga su lugar de residencia.
b) El Juzgado de lo Contencioso-administrativo donde tenga su sede el órgano que hubiera dictado el acto administrativo impugnado.
c) La Sala de lo Contencioso-administrativo del Tribunal Superior de Justicia.
d) La Sala de lo Contencioso-administrativo de la Audiencia Nacional.

62. En el proceso contencioso ordinario, la determinación definitiva de la cuantía:

a) Se realizará por el Juez o Tribunal en la sentencia.
b) Se realizará por el Juez o Tribunal mediante auto una vez concluido el trámite de conclusiones o vista, y antes de la Sentencia.
c) Se realizará por el Letrado de la Administración de Justicia mediante diligencia.
d) Se realizará por el Letrado de la Administración de Justicia mediante decreto.

63. El artículo 135.5 de la Ley de Enjuiciamiento Civil, que permite presentar escritos sujetos a plazo hasta las 15 horas del día siguiente al del vencimiento del plazo:

a) No resulta de aplicación en la jurisdicción contencioso administrativa.
b) Es de aplicación en la jurisdicción contencioso administrativa.
c) Solo se puede aplicar en los procesos especiales de derechos fundamentales.
d) Se aplica en la jurisdicción contencioso administrativa, con la salvedad de los procedimientos especiales.

64. Contra un decreto de un Letrado de la Administración de Justicia que resuelva un recurso de reposición contra una diligencia de ordenación, se puede interponer:

a) No se dará recurso alguno, sin perjuicio de reproducir la cuestión al recurrir, si fuere procedente, la resolución definitiva.
b) Recurso de reposición.
c) Recurso de revisión.
d) Recurso de apelación.

65. Con carácter general, cualquiera de las partes y personas afectadas podrá instar la ejecución forzosa de una sentencia dictada por un órgano jurisdicción contencioso-administrativo, una vez transcurridos:

a) Dos meses a partir de la comunicación de la sentencia o el plazo fijado en ésta.
b) Seis meses a partir de la comunicación de la sentencia o el plazo fijado en ésta.
c) Veinte días a partir de la comunicación de la sentencia o el plazo fijado en ésta.
d) Treinta días a partir de la comunicación de la sentencia o el plazo fijado en ésta.

66. La extensión de efectos de una sentencia no será posible en relación con las siguientes materias:

a) Tributos.
b) Personal al servicio de la Administración pública.
c) Unidad de mercado.
d) Derechos fundamentales.

67. No son causas de nulidad de pleno derecho de un contrato administrativo:

a) Las indicadas en el artículo 47 de la Ley 39/2015, de 1 de octubre, del Procedimiento Administrativo Común de las Administraciones Públicas.
b) La carencia o insuficiencia de crédito, de conformidad con lo establecido en la Ley 47/2003, de 26 de noviembre, General Presupuestaria.
c) Todas aquellas disposiciones, resoluciones, cláusulas o actos emanados de cualquier poder adjudicador que otorguen, de forma directa o indirecta, ventajas a las empresas que hayan contratado previamente con cualquier Administración.
d) La falta de capacidad de obrar o de solvencia económica, financiera, técnica o profesional.

68. Las infracciones leves previstas por la Ley Orgánica 4/2000, de 11 de enero, sobre derechos y libertades de los extranjeros en España y su integración social, se sancionarán:

a) Con multa de hasta 500 euros.
b) Con multa de 501 a hasta 10.000 euros.
c) No existen las infracciones leves en la LO 4/2000.
d) Con apercibimiento.

69. El documento suscrito por un interesado en el que este manifiesta, bajo su responsabilidad, que cumple con los requisitos establecidos en la normativa vigente para obtener el reconocimiento de un derecho o facultad o para su ejercicio, que dispone de la documentación que así lo acredita, que la pondrá a disposición de la Administración cuando le sea requerida, y que se compromete a mantener el cumplimiento de las anteriores obligaciones durante el período de tiempo inherente a dicho reconocimiento o ejercicio se denomina:

a) Comunicación previa.
b) Declaración responsable.
c) Autorización.
d) Concesión administrativa.

70. El Ministerio de Hacienda publica un Reglamento que una asociación de asesores fiscales considera contrario a la Ley General Tributaria, y acude a Carlota, como Abogada, para que lo impugne. El plazo para la impugnación directa del Reglamento será de:

a) Dos meses contados desde el día siguiente al de la publicación de la disposición impugnada.
b) Dos meses contados desde el día siguiente al de la desestimación del preceptivo recurso de reposición previo.

c) Seis meses contados desde el día siguiente al de la publicación de la disposición impugnada.

d) Treinta días contados desde el día siguiente al de la publicación de la disposición impugnada.

71. No incurren en una causa de nulidad de pleno derecho de las previstas en el artículo 47 de la Ley 39/2015:

a) Actos que tengan un contenido imposible.

b) Actos que incurran en desviación de poder.

c) Actos expresos o presuntos contrarios al ordenamiento jurídico por los que se adquieren facultades o derechos cuando se carezca de los requisitos esenciales para su adquisición.

d) Actos que lesionen los derechos y libertades susceptibles de amparo constitucional.

72. Marta López presentó una reclamación por responsabilidad patrimonial a la Administración General del Estado. Según la Ley 30/2015, será preceptivo solicitar dictamen del Consejo de Estado cuando:

a) La indemnización reclamada sea de cuantía igual o superior a 30.000 euros.

b) La indemnización reclamada sea de cuantía igual o superior a 60.000 euros.

c) En ningún caso.

d) La indemnización reclamada sea de cuantía igual o superior a 50.000 euros.

73. Francisca interpuso una reclamación económico-administrativa, pero no ha sido resuelta pese a haber transcurrido mucho tiempo y acude a tu despacho a preguntar: ¿Cuándo se podrá entender desestimada la reclamación al objeto de interponer el recurso procedente?

a) Transcurridos seis meses contados desde la interposición de la reclamación.

b) Transcurridos tres meses contados desde la interposición de la reclamación.

c) Transcurrido un año contado desde la interposición de la reclamación.

d) Transcurridos dieciocho meses contados desde la interposición de la reclamación.

74. En el procedimiento contencioso-administrativo ordinario, el plazo para la contestación de la demanda es de:

a) Veinte días.
b) Diez días.
c) Treinta días.
d) Dos meses.

75. Marcelo presentó ante la Subdelegación del Gobierno de Burgos una solicitud de residencia de larga duración, que le fue denegada. María del Mar, Abogada en ejercicio, recibe el encargo de impugnar ese acto administrativo. La demanda se tramitará por:

a) El procedimiento abreviado.
b) El procedimiento ordinario.
c) Cualquiera de los procedimientos especiales.
d) Cuestión de ilegalidad.

4.2. MATERIAS COMUNES AL EJERCICIO DE ABOGACÍA

76. El ejercicio de la abogacía no será absolutamente incompatible con el ejercicio de la profesión de:

a) Procurador.
b) Gestor administrativo.
c) Graduado social.
d) Asesor fiscal.

77. María es Letrada de Montserrat y Adriana es Letrada de Luis, y durante las negociaciones de un caso de divorcio se intercambian diversos correos electrónicos. ¿Puede Adriana en su contestación a la demanda aportar copia de tales correos electrónicos?

a) Sí, siempre que se hubiera utilizado el correo corporativo.
b) Sí, puesto que las normas procesales permiten la aportación de documentos para la defensa de los intereses del cliente.
c) No, en ningún caso.
d) No, porque el secreto profesional, en su vertiente de protección de las comunicaciones entre profesionales, impide aportar éstas (ni las recibidas ni las remitidas), si no existe autorización expresa del abogado que remite o es destinatario o, en su defecto, autorización de la Junta de Gobierno del Colegio competente.

78. Para poder votar en las elecciones a miembros de junta de gobierno de un Colegio de Abogados se requiere la colegiación:

a) Con más de tres meses de antelación a la fecha de convocatoria de las elecciones.
b) Con más de seis meses de antelación a la fecha de convocatoria de las elecciones.
c) Con más de dos meses de antelación a la fecha de convocatoria de las elecciones.
d) Con más de treinta días de antelación a la fecha de convocatoria de las elecciones.

79. En las elecciones a Junta de Gobierno de los Colegios de Abogados, el voto de los abogados ejercientes:

a) Tendrá el mismo valor que el voto de los demás colegiados.
b) Tendrá doble valor que el voto de los demás colegiados.
c) Tendrá triple valor que el voto de los demás colegiados.
d) Tendrá la mitad del valor que el voto de los demás colegiados.

80. El período del mandato de los miembros de la Junta de Gobierno de un Colegio de Abogados, según el Estatuto General de la Abogacía:

a) Se fijará en los Estatutos de cada Colegio, aunque sin superar los cuatro años.
b) Se fijará en los Estatutos de cada Colegio con total libertad autoorganizativa.
c) Se fijará en los Estatutos de cada Colegio, aunque sin superar los cinco años.
d) Será de cinco años en todo caso.

81. En el ejercicio de la Abogacía, las infracciones que puedan llevar aparejada sanción disciplinaria se clasifican, según el Estatuto General de la Abogacía, en:

a) Muy graves, graves y leves.
b) Muy graves, graves, menos graves y leves.
c) Graves y leves.
d) Graves, menos graves y leves.

82. Martina acaba de obtener el título profesional de Abogado, y pretende incorporarse al Colegio de Abogados de Lucena. La solicitud de incorporación será:

a) Aprobada, suspendida o denegada por la Junta de Gobierno de cada Colegio.

b) Automáticamente aprobada por el Decano, sin perjuicio de las comprobaciones posteriores que fueran pertinentes.

c) Aprobada o denegada por el Decano en un plazo de 72 horas.

d) Aprobada, suspendida o denegada por la Junta General de cada Colegio.

83. Las eventuales infracciones en materia de protección de datos que cometan los abogados en el ejercicio de sus funciones, podrán ser sancionadas por:

a) El Consejo General de la Abogacía.

b) El Ministerio de Justicia.

c) El Colegio de Abogados del lugar donde se cometa la infracción.

d) La Agencia Española de Protección de Datos.

84. Carla acude a encargar a Cristina, que es Abogada, la reclamación de 100.000 euros a una empresa; se trata de una pretensión que tiene visos de éxito. Pero Carla no dispone de liquidez, y plantea a Cristina que sus honorarios sean un pago inicial de mil euros y, además, un 10 por 100 de lo que finalmente obtenga tras la reclamación. ¿Está admitido este tipo de acuerdos?

a) No, puesto que el pago de honorarios habrá de ajustarse en todo caso al baremo de honorarios.

b) Sí, pues hay libertad de pactos en materia de honorarios.

c) No, ya que en caso de cobro por porcentaje el mínimo está establecido en el 15 por 100.

d) Sí, siempre que se comunique a la Junta de Gobierno del Colegio de Abogados y este no muestre su oposición en el plazo de cinco días desde la comunicación.

85. Las infracciones leves, según el Estatuto General de la Abogacía, prescriben:

a) A los tres meses.

b) A los seis meses.

c) Al año.

d) A los nueve meses.

86. Según el Estatuto General de la Abogacía, por infracciones graves podrá imponerse la sanción de:

a) Expulsión del Colegio.

b) Suspensión del ejercicio de la abogacía por un plazo superior a tres meses sin exceder de dos años.

c) Suspensión del ejercicio de la abogacía por un plazo no superior a tres meses.

d) Suspensión del ejercicio de la abogacía por un plazo no superior a seis meses.

87. Los Colegios de Abogados son:

a) Entidades privadas amparadas por la Ley y reconocidas por el Estado, con personalidad jurídica propia y plena capacidad para el cumplimiento de sus fines.

b) Entidades de utilidad pública amparadas por la Ley y reconocidas por el Estado, con personalidad jurídica propia y plena capacidad para el cumplimiento de sus fines.

c) Asociaciones amparadas por la Ley y reconocidas por el Estado, con personalidad jurídica propia y plena capacidad para el cumplimiento de sus fines.

d) Corporaciones de derecho público amparadas por la Ley y reconocidas por el Estado, con personalidad jurídica propia y plena capacidad para el cumplimiento de sus fines.

88. Juan, tras la obtención del título profesional de Abogado abrió su despacho en Castellón y se colegió en el Colegio de Abogados de Castellón. Transcurridos tres años de ejercicio profesional, decide cambiar su domicilio dentro de la provincia de Castellón. En este caso, de acuerdo con el Estatuto General de la Abogacía:

a) Debe comunicar su domicilio y los eventuales cambios del mismo al Colegio de Castellón.

b) Debe comunicar su domicilio y los eventuales cambios del mismo al Consejo General de la Abogacía Española.

c) Al ser un cambio dentro de la provincia, no hay obligación de comunicar el cambio.

d) Debe comunicar su domicilio y los eventuales cambios del mismo al Ministerio de Justicia.

89. El número de consejeros electivos del Pleno del Consejo General de la Abogacía Española es:

a) Nueve.

b) Doce.

c) Veinte.

d) Veintiuno.

90. Antonia, Abogada en ejercicio, pretende impugnar en apelación una resolución judicial dictada por un Juzgado de Instrucción de Melilla. Será competente para conocer del mismo:

a) La Sección Séptima de la Audiencia Provincial de Málaga, con sede en Melilla.
b) La Sección Sexta de la Audiencia Provincial de Cádiz, con sede en Melilla.
c) La Audiencia Provincial de Ceuta y Melilla.
d) El Tribunal Superior de Justicia de Andalucía, Ceuta y Melilla.

91. Carmen, como Abogada, reclamó en un procedimiento civil la cantidad de 50.000 euros. La Sentencia del Juzgado de Primera Instancia que estimó la demanda hace referencia, en los fundamentos jurídicos, a la cifra de 50.000 euros en seis ocasiones, y en el último fundamento reconoce la deuda de 50.000 euros y acuerda la estimación íntegra de la demanda. Sin embargo, en el Fallo, se condena al pago de 5.000 euros. ¿Existe algún plazo para solicitar la rectificación de ese error?

a) No, podrá ser rectificado en cualquier momento.
b) Sí, el plazo de dos días hábiles desde la notificación de la resolución.
c) Sí, el plazo de cinco días hábiles desde la notificación de la resolución.
d) No, solo se puede modificar el fallo mediante el correspondiente recurso de apelación.

92. Si los Tribunales estimaren que alguna de las partes ha actuado conculcando las reglas de la buena fe procesal, podrán imponerle, en pieza separada, mediante acuerdo motivado, y respetando el principio de proporcionalidad:

a) Una multa que podrá oscilar de treinta a seiscientos euros.
b) Una sanción de suspensión de funciones de hasta tres meses.
c) Una multa que podrá oscilar de ciento ochenta a seis mil euros, sin que en ningún caso pueda superar la tercera parte de la cuantía del litigio.
d) Una multa de hasta doce mil euros.

93. En el caso anterior, si un Tribunal impusiera una sanción por conculcación de las reglas de la buena fe procesal, podrá interponerse:

a) Recurso de audiencia en justicia ante el Tribunal que hubiere impuesto la sanción o recurso de alzada ante la Sala de Gobierno.
b) Recurso de revisión.
c) Recurso de reforma.
d) Recurso de queja.

94. Contra un Auto que deniega una solicitud de aclaración de un concepto oscuro, se puede interponer:

a) Recurso de alzada.
b) Recurso de reposición.
c) Recurso de queja.
d) Ningún recurso.

95. En un proceso de divorcio se discute el pago de pensiones a los dos hijos menores de edad de los litigantes, e interviene el Ministerio fiscal, que se opone al establecimiento de pensión. Finalmente, la Sentencia acuerda establecer una pensión de 300 euros mensuales a favor de cada uno de los hijos. En este caso, las costas:

a) Se impondrán al Ministerio fiscal.
b) No se impondrán al Ministerio fiscal, ya que no se pueden imponer las costas al mismo.
c) Se impondrán las costas al Ministerio fiscal si el órgano judicial aprecia mala fe o temeridad.
d) Se impondrán las costas al Ministerio fiscal, sin que en ningún caso puedan superar la tercera parte de la cuantía del litigio.

96. Si una tasación de costas se impugnara por considerar excesivos los honorarios de los abogados:

a) Es preceptivo solicitar dictamen al Colegio de Abogados, pero el dictamen no es vinculante.
b) Es preceptivo solicitar dictamen al Colegio de Abogados, y el dictamen es vinculante.
c) No es preceptivo solicitar dictamen al Colegio de Abogados, solo se debe solicitar si las partes implicadas lo piden expresamente.
d) Es preceptivo solicitar dictamen al Consejo General de la Abogacía Española, pero el dictamen no es vinculante.

97. Señale cuál de los siguientes órganos judiciales no existe:

a) Juzgado de Primera Instancia e Instrucción.
b) Sala de lo Militar de la Audiencia Nacional.
c) Sala de lo Militar del Tribunal Supremo.
d) Juzgado Central de Menores.

98. En los procesos civiles, los litigantes podrán comparecer sin abogado en:

a) Cualquier proceso de cuantía inferior a 2.000 euros.
b) Los juicios verbales cuya determinación se haya efectuado por razón de la cuantía y esta no exceda de 3.000 euros.
c) Los juicios ordinarios y verbales cuya determinación se haya efectuado por razón de la cuantía y esta no exceda de 6.000 euros.
d) Los juicios verbales cuya determinación se haya efectuado por razón de la cuantía y esta no exceda de 2.000 euros.

99. Para la interposición de una demanda ante el Tribunal Europeo de Derechos Humanos, una vez agotados todos los recursos de derecho interno, existe un plazo de:

a) Veinte días.
b) Un mes.
c) Seis meses.
d) Tres meses.

100. ¿Cuál de los siguientes no es un principio propio de la mediación?

a) Confidencialidad.
b) Obligatoriedad.
c) Flexibilidad.
d) Bilateralidad y buena fe.

5. SOLUCIONES A LAS PREGUNTAS TEST

Pregunta	Respuesta	Pregunta	Respuesta	Pregunta	Respuesta
1	b	23	a	45	b
2	c	24	b	46	c
3	a	25	a	47	d
4	a	26	b	48	a
5	d	27	a	49	c
6	c	28	b	50	a
7	b	29	a	51	b
8	a	30	c	52	b
9	c	31	c	53	c
10	d	32	b	54	a
11	b	33	d	55	a
12	d	34	d	56	c
13	a	35	c	57	a
14	a	36	d	58	b
15	c	37	a	59	d
16	c	38	d	60	a
17	d	39	c	61	c
18	a	40	b	62	a
19	b	41	c	63	b
20	b	42	b	64	c
21	c	43	b	65	a
22	b	44	a	66	d

67	c	79	b	91	a
68	a	80	c	92	c
69	b	81	a	93	a
70	a	82	a	94	d
71	b	83	d	95	b
72	d	84	b	96	a
73	c	85	b	97	b
74	a	86	c	98	d
75	a	87	d	99	c
76	d	88	a	100	b
77	d	89	b		
78	a	90	a		

BIBLIOGRAFÍA

No es el propósito de este apartado realizar un análisis exhaustivo de la vasta bibliografía existente sobre la jurisdicción contenciosa-administrativa, sino dar una panorámica de diferentes tipos de obras más recientes que permitan al lector profundizar en aspectos concretos, a través de obras generales y especializadas accesibles en el mercado. A la bibliografía relacionada a continuación se puede añadir la citada en cada uno de los casos prácticos.

Todos los manuales generales de Derecho administrativo incluyen una sección dedicada al contencioso administrativo. En este sentido Tecnos ha publicado tradicionalmente algunos de los manuales más utilizados como BARRERO RODRÍGUEZ, Concepción (coord.): *Lecciones de Derecho Administrativo. Parte general*; GAMERO CASADO, Eduardo; FERNÁNDEZ RAMOS, Severiano: *Manual básico de Derecho Administrativo*; REBOLLO PUIG, Manuel (dir.): *Derecho Administrativo*; SÁNCHEZ MORÓN, Miguel: *Derecho Administrativo. Parte general*. De todos ellos suele publicarse una edición actualizada cada mes de septiembre. Otros manuales habituales son COSCULLUELA MONTANER, Luis: *Manual de Derecho Administrativo*, Civitas. Madrid; ESTEVE PARDO, José: *Lecciones de Derecho administrativo*, Marcial Pons, Madrid; MENÉNDEZ, Pablo; EZQUERRA HUERVA, Antonio (dirs.): *Lecciones de Derecho administrativo*, Civitas, Madrid; PARADA VÁZQUEZ, Ramon: *Derecho administrativo*, Dykinson, Madrid; PAREJO ALFONSO, Luciano: *Lecciones de Derecho Administrativo*. Tirant lo Blanch, Valencia; SANTAMARÍA PASTOR, Juan Alfonso: *Principios de Derecho Administrativo General*, Iustel, Madrid, 2018; TRAYTER JIMÉNEZ, Joan Manuel: *Derecho administrativo. Parte general*, Atelier, Barcelona.

Cabe citar también tratados generales de Derecho Administrativo como GARRIDO FALLA; Fernando; PALOMAR OLMEDA, Alberto; LOSADA GONZÁLEZ, Herminio: *Tratado de Derecho Administrativo. Vol. III. La Justicia Administrativa*, Tecnos, Madrid, 2012; GONZÁLEZ-VARAS IBÁÑEZ, Santiago: *Tratado de derecho administrativo. Tomo II: Comentarios a la Ley de Jurisdicción Contencioso-Administrativa*, Civitas, Pamplona, 2018; MUÑOZ MACHADO, Santiago: *Tratado de derecho administrativo y derecho público general*, BOE, Madrid, 2018.

Entre las obras generales sobre el proceso contencioso-administrativo podemos citar BACIGALUPO SAGGESE, Mariano *et al.*: *Jurisdicción Contencioso Administrativa*, Tirant lo Blanch, Valencia, 2019; CASTILLEJO MANZANARES, Raquel (dir.): *Tratado Sobre el Proceso Administrativo (LJCA)*, Tirant lo Blanch, Valencia, 2019; EZQUERRA HUERVA, Antonio; OLIVÁN DEL CACHO, Javier (dirs.): *Estudio de la ley de la Jurisdicción Contencioso-Administrativa*, Tirant lo Blanch, Valencia, 2014; FUERTES LÓPEZ, Francisco Javier; PALOMAR OLMEDA, Alberto: *Manual de Derecho Administrativo y Contencioso-administrativo*, Aranzadi, 2018; RODRÍGUEZ ZAPATA, Jorge: *Fundamentos de lo contencioso-administrativo*, Tecnos, Madrid, 2019. También obras de comentarios a la LJCA como ESPÍN TEMPLADO, Eduardo: *Comentarios de la Ley de la Jurisdicción Contencioso-Administrativa*, Tirant lo Blanch, Valencia, 2016; EZQUERRA HUERVA, Antonio; OLIVÁN DEL CACHO, Javier (dirs.): *Comentarios a la Ley reguladora de la Jurisdicción Contencioso-Administrativa*, Tirant lo Blanch, Valencia, 2021.

Pueden encontrarse en el mercado otras obras de carácter práctico para el estudio del proceso contencioso administrativo, como ÁLVAREZ ALARCÓN, Arturo (dir.): *Abogacía y proceso contencioso-administrativo*, Tirant lo Blanch, Valencia, 2019; GONZÁLEZ LÓPEZ, Arantza: *Manual práctico del recurso de casación contencioso-administrativo*, IVAP, 2018; QUINTANA CARRETERO, Juan Pedro (coord.): *Guía práctica del recurso de casación contencioso-administrativo. Legislación, jurisprudencia y formularios*, Dykinson, Madrid, 2019; FELIP ARROYO, Xavier (coord.): *El abogado en sala*, Tirant lo Blanch, 2017.

Otras obras, de carácter más académico, han reflexionado sobre diferentes aspectos del contencioso-administrativo, como AAVV: *Régimen Jurídico de la actuación administrativa. Volumen I: Acto y procedimiento; contratos; jurisdicción contencioso-administrativa*, Civitas, Madrid, 2019; GONZÁLEZ-VARAS IBÁÑEZ, Santiago: *Contencioso-Administrativo. Praxis y propuestas*, Aranzadi, Pamplona, 2019.

El reciente XX aniversario de su aprobación dio lugar por otra parte a estudios colectivos, en los que se hace un balance de su funcionamiento en las últimas dos décadas y se analizan las perspectivas del contencioso-administrativo en el futuro, como en el caso de CUDERO BLAS, Jesús; PONCE SOLÉ, Juli (coords.): *Balance y perspectivas de la Ley Reguladora de la Jurisdicción Contencioso-Administrativa en su XX Aniversario*, Tirant lo Blanch, Valencia, 2019. Otros estudios reflexionan sobre el papel del contencioso-administrativo como BANDRÉS SÁNCHEZ-CRUZAT, J. M.: *Los desafíos de la justicia contencioso-administrativa del siglo XXI*, Tirant lo Blanch, 2013.

Las reformas de la LJCA también han dado lugar a estudios específicos como es el caso de la configuración del recurso de casación o la ejecución de sentencias, como Navarro Vega, M.ª Belén: *Recientes Reformas de la ley de la Jurisdicción Contencioso-Administrativa*, Tirant lo Blanch, Valencia, 2017; Ruiz López, Miguel Ángel: *La Reforma del Recurso de Casación Contencioso Administrativo*, Tirant lo Blanch, Valencia, 2016.

Finalmente citamos algunas obras que abordan algunos temas concretos relativos al proceso contencioso-administrativo, a las que debemos sumar todas las citadas en los casos prácticos, como Alonso García, Ricardo; Ugartemendia Eceizabarrena, Juan Ignacio: *La incidencia del Derecho de la Unión Europea en la jurisdicción contencioso-administrativa*, Instituto Vasco de Administraciones Públicas, Oñati, 2020; Martín Diz, Fernando: *Mediación en el ámbito contencioso-administrativo*, Aranzadi, 2018.

NORMATIVA CITADA DE FORMA ABREVIADA

Norma	Cita abreviada
Ley 39/2015, de 1 de octubre, del Procedimiento Administrativo Común de las Administraciones Públicas	LPAC
Ley 40/2015, de 1 de octubre, de Régimen Jurídico del Sector Público	LRJSP
Ley 1/2000, de 7 de enero, de Enjuiciamiento Civil	LEC
Ley 29/1998, de 13 de julio, reguladora de la Jurisdicción Contencioso-administrativa	LJCA
Ley 58/2003, General Tributaria	LGT
Ley 11/2007, de 22 de junio, de acceso electrónico de los ciudadanos a los Servicios Públicos	LAECSP
Constitución Española	CE